Benedikt XVI.

Der Mensch als Beter

Benedikt XVI.

Der Mensch als Beter

Media Maria Verlag

Titel der italienischen Originalausgabe:
L'Uomo in Preghiera

Bibliografische Information: Deutsche Nationalbibliothek.
Die Deutsche Nationalbibliothek verzeichnet diese Publikation in der Deutschen Nationalbibliografie; detaillierte bibliografische Daten sind im Internet über http://dnb.ddb.de abrufbar.

Benedikt XVI.
Der Mensch als Beter
Media Maria Verlag, 1. Auflage 2013

Umschlaggestaltung:
Finken & Bumiller, Stuttgart
Satz: SATZstudio Josef Pieper, Bedburg-Hau
Printed in Germany

ISBN 978-3-9815698-1-0

www.media-maria.de

Inhalt

Das Gebet in den antiken Kulturen

Heute möchte ich eine neue Katechesenreihe beginnen. Nach den Katechesen über die Kirchenväter, über die großen Theologen des Mittelalters, über die großen Frauen möchte ich jetzt ein Thema wählen, das uns allen sehr am Herzen liegt: das Thema des Gebetes, insbesondere des christlichen Gebetes. Es ist das Gebet, das Jesus uns gelehrt hat und das die Kirche uns auch weiterhin lehrt. Denn in Jesus vermag sich der Mensch mit der Tiefe und Vertrautheit Gott zu nähern, die der Beziehung zwischen Vater und Kind entspricht. Gemeinsam mit den ersten Jüngern wenden wir uns also mit demütigem Vertrauen an den Meister und bitten ihn: »Herr, lehre uns beten« (Lk 11,1).

In den nächsten Katechesen wollen wir in Anlehnung an die Heilige Schrift, an die große Überlieferung der Kirchenväter, die Meister der Spiritualität, und die Liturgie, lernen, unsere Beziehung zum Herrn noch tiefer zu leben – gleichsam in einer »Schule des Gebetes«. Wir wissen nämlich sehr gut, dass das Gebet nicht als selbstverständlich betrachtet werden darf: Man muss beten lernen, indem man diese Kunst gleichsam immer wieder aufs Neue erwirbt.

Auch diejenigen, die im geistlichen Leben weit fortgeschritten sind, verspüren stets das Bedürfnis, sich in die Schule Jesu zu begeben, um aufrichtig beten zu lernen. Die erste Lektion erteilt uns der Herr durch sein Vorbild. Die Evangelien beschreiben uns Jesus im vertrauten und ständigen Dialog mit dem Vater: Es ist eine tiefe Gemeinschaft mit dem Vater. Jesus ist in die Welt gekommen, nicht um seinen Willen zu tun, sondern den des Vaters, der ihn für das Heil der Menschen gesandt hat.

Zur Einführung möchte ich in dieser ersten Katechese einige Beispiele des Gebetes der antiken Kulturen vorstellen, um aufzuzeigen, dass diese sich praktisch immer und überall an Gott gewandt haben. Ich beginne mit einem Beispiel aus dem alten Ägypten. Hier bittet ein blinder Mann die Gottheit, ihm das Augenlicht zurückzugeben, und bezeugt damit etwas universal Menschliches: das einfache, reine Bittgebet eines leidenden Menschen. Dieser Mann betet: »Mein Herz verlangt dich zu sehen. [...] Du, der du mich die Finsternis hast sehen lassen, schenke mir Licht, damit ich dich sehe! Neige dein geliebtes Antlitz zu mir herab« (vgl. A. Barucq, F. Daumas, *Hymnes et prières de l'Egypte ancienne*, Paris 1980). »Damit ich dich sehe«, ist der innere Kern des Gebetes!

In den Religionen Mesopotamiens herrschte ein dunkles und lähmendes Schuldbewusstsein, jedoch nicht ohne die Hoffnung auf Erlösung und Befreiung durch Gott. So können wir das Bittgebet eines Gläubigen jener antiken Kulte würdigen, das folgendermaßen lautet: »O Gott, der du auch die schwerste Schuld nachsiehst, erlöse mich von meiner Sünde. [...] O Herr, blicke auf deinen erschöpften Knecht und hauche deinen Atem auf ihn: Säume nicht, ihm zu vergeben. Mildere deine strenge Strafe. Gib, dass ich, aus den Banden gelöst, wieder frei atmen kann; zerbrich meine Ketten, löse mich aus den Fesseln« (vgl. M.-J. Seux, *Hymnes et prières aux Dieux de Babylone et d'Assyrie*, Paris 1976). Diese Worte zeigen, dass der Mensch auf der Suche nach Gott eine Ahnung von seiner Schuld, aber auch von Gottes Erbarmen und Güte hat, wenn auch noch auf undeutliche Weise.

In der heidnischen Religion des antiken Griechenlands ist eine sehr bedeutsame Entwicklung festzustellen: Zwar wird in den Gebeten auch weiterhin der göttliche Beistand angerufen, um für alle Umstände des täglichen Lebens die göttliche Gunst zu erhalten und materielle Güter zu erlangen, aber allmählich wenden sich die Menschen selbstloseren Bitten zu, die es dem gläubigen Menschen ermöglichen, seine Beziehung zu Gott zu vertiefen und zu verbessern. Der große Philosoph Platon überliefert zum Beispiel ein Gebet seines Lehrers Sokrates, der zu Recht als einer der Begründer des westlichen Denkens gilt. Sokrates betete folgendermaßen: »Verleihet mir, schön zu werden im Inneren. […] Für reich aber möge ich den Weisen achten. Des Goldes Fülle aber möge mir werden in solchem Maße, in welchem es ein anderer weder führen noch tragen könnte als der Weise. […] Für mich ist damit das volle Maß erbeten!« (Platon, *Phaidros,* Übersetzung L. Georgii, 1853). Er möchte vor allem schön und weise sein im Inneren, statt reich an Geld und Gold.

In jenen außerordentlichen Meisterwerken der Weltliteratur, den griechischen Tragödien, die auch heute, nach zweitausendfünfhundert Jahren, noch immer gelesen, studiert und aufgeführt werden, sind Gebete enthalten, die den Wunsch zum Ausdruck bringen, Gott zu erkennen und seine Herrlichkeit anzubeten. Eines dieser Gebete lautet wie folgt: »Erhalter der Erde, der du über der Erde thronst, wer auch immer du sein magst, unergründlicher Zeus, mögest du Naturgesetz oder Gedanke der Sterblichen sein, an dich wende ich mich: Denn du gehst auf stillen Wegen und lenkst in rechter Weise das menschliche Geschick« (Euripides, *Troerinnen*). Gott bleibt ein wenig nebelhaft und dennoch erkennt der Mensch diesen unbekannten Gott und betet zu ihm, der die Geschicke der Erde lenkt.

Auch bei den Römern, die das große Reich schufen, in dem das frühe Christentum entstand und sich zu einem großen Teil entwickelte, ist das Gebet zwar mit einer utilitaristischen Auffassung verknüpft und im wesentlichen an die Bitte um göttlichen Schutz des Lebens der zivilen Gemeinschaft gebunden, aber auch hier öffnet es sich zuweilen zu bewundernswerten Anrufungen leidenschaftlicher persönlicher Frömmigkeit, die sich zu Lob und Dank verwandeln. Das bezeugt ein Autor aus dem römischen Afrika im zweiten Jahrhundert nach Christus, Apuleius. In seinen Schriften legt er die Unzufriedenheit seiner Zeitgenossen mit den traditionellen Religionen dar sowie den Wunsch nach einer aufrichtigeren Beziehung zu Gott. In seinem Hauptwerk mit dem Titel *Meta-*

morphosen wendet sich ein Gläubiger mit folgenden Worten an eine weibliche Gottheit: »Du bist wahrhaft heilig, du bist zu jeder Zeit die Retterin der Menschheit, du bringst in deiner Güte den Sterblichen stets Hilfe, du schenkst den armen Notleidenden die zärtliche Liebe einer Mutter. Es vergeht weder Tag noch Nacht, noch ein Augenblick, den du nicht mit deinen Wohltaten erfüllst« (Apuleius von Madaura, *Metamorphosen* IX, 25).

Zur selben Zeit betont Kaiser Marc Aurel, der auch ein Philosoph war, der über das Wesen des Menschen nachdachte, die Notwendigkeit zu beten, um ein gedeihliches Zusammenwirken von göttlichem und menschlichem Tun hervorzubringen. In seinen Selbstbetrachtungen schreibt er: »Wer sagt dir, dass die Götter uns nicht auch in den Dingen helfen, die von uns abhängen? Beginne, zu ihnen zu beten, und du wirst sehen« (vgl. *Dictionnaire de Spiritualité* XII/2, 2213). Dieser Rat des Philosophenkaisers ist tatsächlich von zahllosen Generationen von Menschen in vorchristlicher Zeit in die Tat umgesetzt worden. So zeigte es sich, dass das menschliche Leben ohne das Gebet, das unsere Existenz zum Geheimnis Gottes hin öffnet, seinen Sinn und seinen Bezugspunkt verliert. Tatsächlich drückt sich in jedem Gebet die Wahrheit des menschlichen Geschöpfes aus, das einerseits die eigene Schwachheit und Unzulänglichkeit erfährt und daher den Himmel um Beistand bittet, und das andererseits eine außerordentliche Würde besitzt, denn indem es sich darauf vorbereitet, die göttliche Offenbarung anzunehmen, entdeckt es seine Fähigkeit, in die Gemeinschaft mit Gott einzutreten.

Liebe Freunde, an diesen Beispielen von Gebeten aus verschiedenen Epochen und Kulturen zeigt sich, dass der Mensch sich seiner Geschöpflichkeit und seiner Abhängigkeit von einem Anderen bewusst ist, der über ihm steht und der Ursprung alles Guten ist. Zu allen Zeiten betet der Mensch, denn er kann nicht umhin, sich nach dem Sinn seines Lebens zu fragen, der dunkel und trostlos bleibt, wenn er nicht zum Geheimnis Gottes und seines Planes für die Welt in Beziehung gesetzt wird. Das menschliche Leben ist ein Geflecht aus Gutem und Bösem, aus unverdientem Leid und Freude und Schönheit. All dies drängt uns spontan und unwiderstehlich dazu, Gott um jenes innere Licht und jene innere Kraft zu bitten, die uns auf Erden zu Hilfe kommen und eine über die Grenzen des Todes hinausgehende Hoffnung aufzeigen soll.

Die heidnischen Religionen bleiben eine Anrufung, die von der Erde aus auf ein Wort vom Himmel wartet. Einer der letzten großen heidnischen Philosophen, der bereits in der christlichen Epoche lebte, Proklos von Konstantinopel, bringt diese Erwartung zum Ausdruck, indem er sagt: »Unerkennbarer, niemand kann dich erfassen. Alles, was wir denken, gehört dir. Von dir kommt unser Leid und unser Wohl, dir gilt all unser Sehnen, o Unergründlicher, dessen Gegenwart unsere Seele spürt. Zur dir erhebt sie ihren stillen Lobgesang« (vgl. *Hymnen,* Hg. E. Vogt, Wiesbaden 1957).

Die Beispiele der Gebete der verschiedenen Kulturen, die wir betrachtet haben, können die religiöse Dimension und das Verlangen nach Gott bezeugen, die in das Herz eines jeden Menschen eingeschrieben sind. Sie finden im Alten und im Neuen Testament ihre Erfüllung und ihren vollendeten Ausdruck. Die Offenbarung reinigt die ursprüngliche Sehnsucht des Menschen nach Gott und bringt sie zu ihrer Fülle, indem sie ihm im Gebet die Möglichkeit einer tieferen Beziehung zum himmlischen Vater bietet.

Zu Beginn unseres Weges in der »Schule des Gebetes« wollen wir also den Herrn bitten, unseren Verstand und unser Herz zu erleuchten, damit die Beziehung zu ihm im Gebet immer tiefer, liebevoller und beständiger werde. Noch einmal bitten wir ihn: »Herr, lehre uns beten« (Lk 11,1).

Das Gebet und der Sinn für das Religiöse

Heute möchte ich meine Betrachtungen darüber fortsetzen, wie das Gebet und der Sinn für das Religiöse in der ganzen Menschheitsgeschichte zum Menschen gehören. Wir leben in einer Zeit, in der die Zeichen des Säkularismus deutlich sind. Gott scheint aus dem Horizont vieler Menschen verschwunden oder zu einer Wirklichkeit geworden zu sein, der man gleichgültig gegenübersteht. Gleichzeitig gibt es jedoch viele Anzeichen für ein Wiedererwachen des Sinnes für das Religiöse, für eine Wiederentdeckung der Bedeutung Gottes im Leben des Menschen, für ein Bedürfnis nach Spiritualität, nach der Überwindung einer rein horizontalen, materiellen Auffassung des menschlichen Lebens.

Der Blick in die neuere Geschichte beweist, dass die Prognosen jener versagt haben, die seit der Zeit der Aufklärung das Verschwinden der Religionen angekündigt und die absolute, vom Glauben losgelöste Vernunft gepriesen haben, eine Vernunft, die die Finsternis des religiösen Dogmatismus vertreiben, die »sakrale Welt« zerstören und so dem Menschen seine Freiheit, seine Würde und seine Unabhängigkeit von Gott zurückgeben sollte. Die Erfahrung des letzten Jahrhunderts mit den beiden tragischen Weltkriegen hat den Fortschritt, den die autonome Vernunft, der Mensch ohne Gott, scheinbar garantieren konnte, in eine Krise gestürzt. Im *Katechismus der Katholischen Kirche* heißt es: »Durch die Schöpfung ruft Gott jedes Wesen aus dem Nichts ins Dasein. [...] Selbst nachdem der Mensch durch seine Sünde die Ähnlichkeit mit Gott verloren hat, bleibt er nach dem Bilde seines Schöpfers geschaffen. Er behält das Verlangen nach Gott, der ihn ins Dasein ruft. Alle Religionen zeugen von diesem Suchen, das dem Wesen des Menschen entspricht« (2566). Man kann sagen – wie ich in der letzten Katechese aufgezeigt habe –, dass es von der Antike bis heute noch keine große Zivilisation gegeben hat, die nicht zugleich religiös war.

Der Mensch ist von seinem Wesen her religiös, er ist »Homo religiosus«, ebenso wie er »Homo sapiens« und »Homo faber« ist. Im *Katechismus* steht auch: »Das Verlangen nach Gott ist dem Menschen ins Herz geschrieben, denn der Mensch ist von Gott und für Gott erschaffen« (27). Das Bild des Schöpfers ist in sein Wesen eingeprägt und er verspürt das Bedürfnis, ein Licht zu finden, um eine Antwort auf die Fragen zu erhalten, die den tieferen Sinn der Wirklichkeit betreffen. Diese Antwort kann er nicht in sich selbst, im Fortschritt, in der empirischen Wissenschaft finden. Der »Homo religiosus« taucht nicht nur in der antiken Welt auf, sondern er ist in der ganzen Menschheitsgeschichte zu finden. In diesem Zusammenhang sind auf dem reichen Nährboden der menschlichen Erfahrung verschiedene Formen der Religiosität entstanden. Sie alle sind in dem Versuch begründet, Antworten zu finden auf das Verlangen nach Erfüllung und Glück, auf das

Bedürfnis nach Heil, auf der Suche nach einem Sinn. Der Mensch des digitalen Zeitalters sucht ebenso wie der Höhlenmensch in der religiösen Erfahrung Wege, um seine Endlichkeit zu überwinden und sein vergängliches irdisches Dasein abzusichern. Im Übrigen hätte das Leben ohne einen transzendenten Horizont keinen erfüllten Sinn, und das Glück, nach dem wir alle streben, wird spontan in die Zukunft projiziert, auf ein Morgen, das erst noch eintreffen muss. Das Zweite Vatikanische Konzil hat dies in der Erklärung *Nostra aetate* prägnant zusammengefasst: »Die Menschen erwarten von den verschiedenen Religionen Antwort auf die ungelösten Rätsel des menschlichen Daseins, die heute wie von je die Herzen der Menschen im Tiefsten bewegen: Was ist der Mensch? Was ist Sinn und Ziel unseres Lebens? Was ist das Gute, was die Sünde? Woher kommt das Leid und welchen Sinn hat es? Was ist der Weg zum wahren Glück? Was ist der Tod, das Gericht und die Vergeltung nach dem Tode? Und schließlich: Was ist jenes letzte und unsagbare Geheimnis unserer Existenz, aus dem wir kommen und wohin wir gehen?« (1).

Der Mensch weiß, dass er sein Grundbedürfnis nach Verstehen allein nicht beantworten kann. Wie sehr er sich auch der Illusion hingab und immer noch hingibt, unabhängig zu sein, so macht er dennoch die Erfahrung, dass er sich selbst nicht genügt. Er muss sich gegenüber einem Anderen öffnen – gegenüber etwas oder jemandem –, der ihm geben kann, was ihm fehlt. Er muss aus sich selbst herauskommen und auf den zugehen, der in der Lage ist, die Weiten und Tiefen seiner Sehnsucht zu erfüllen.

Der Mensch trägt ein Verlangen nach dem Unendlichen in sich, eine Sehnsucht nach Ewigkeit, eine Suche nach Schönheit, einen Wunsch nach Liebe, ein Bedürfnis nach Licht und Wahrheit, die ihn zum Absoluten drängen; der Mensch trägt die Sehnsucht nach Gott in sich. Irgendwie weiß der Mensch, dass er sich an Gott wenden, zu ihm beten kann. Der heilige Thomas von Aquin, einer der größten Theologen der Geschichte, bezeichnet das Gebet als »Ausdruck des menschlichen Verlangens nach Gott«. Dieses Hingezogensein zu Gott, das Gott selbst in den Menschen hineingelegt hat, ist die Seele des Gebetes, das dann viele Formen und Ausdrucksweisen annimmt, wie es der Geschichte, der Zeit, dem Augenblick, der Gnade und sogar der Sünde des Beters entspricht. Tatsächlich sind in der Geschichte des Menschen vielerlei Formen des Gebetes aufgetreten, denn der Mensch hat verschiedene Formen der Öffnung gegenüber dem Anderen und gegenüber dem, was uns übersteigt, entwickelt. So können wir erkennen, dass das Gebet eine in jeder Religion und Kultur vorhandene Erfahrung ist.

Das Gebet, liebe Brüder und Schwestern, ist in der Tat, wie wir am vergangenen Mittwoch gesehen haben, nicht an einen besonderen Kontext gebunden, sondern es ist in das Herz einer jeden Person und einer jeden Zivilisation eingeschrieben. Wenn wir vom Gebet als Erfahrung des Menschen, des »Homo orans«, sprechen, dann müssen wir uns vor Augen halten, dass es nicht aus einer Reihe von Praktiken und Formeln besteht, sondern vor allem eine innere Haltung ist. Es handelt sich nicht nur um ein Durchführen von kultischen Handlungen oder das Sprechen von Worten, sondern es ist vor allem ein Dasein vor Gott. Das Gebet hat seinen Mittelpunkt und seine Wurzeln tief im Inneren der Person. Es ist daher nicht leicht zu entschlüsseln und kann aus demselben Grund Missverständnissen und Täuschungen unterworfen sein. Auch aus diesem Grunde können wir verstehen, weshalb das Beten schwierig ist. Das Gebet ist schlechthin der Ort der Unentgeltlichkeit, des Strebens nach dem Unsichtbaren, dem Unerwarteten und dem Unaussprechlichen. Die Erfahrung des Gebetes ist daher für alle eine Herausforderung, eine zu erbittende »Gnade«, ein Geschenk Gottes, an den wir uns wenden.

In jeder geschichtlichen Epoche betrachtet der Mensch im Gebet sich selbst und seine Lage vor Gott, von Gott ausgehend und auf

Gott hingeordnet. Er erfährt, dass er ein hilfsbedürftiges Geschöpf ist, dem die Fähigkeit fehlt, die Erfüllung seines Lebens und seiner Hoffnung selbst herbeizuführen. Laut dem Philosophen Ludwig Wittgenstein bedeutet das Beten, zu spüren, dass »der Sinn der Welt außerhalb ihrer liegen muss«. In der Dynamik dieser Beziehung zu dem, der dem Leben Sinn gibt, zu Gott, ist eine der typischen Ausdrucksformen des Gebetes die Geste des Niederkniens. Diese Geste trägt eine radikale Ambivalenz in sich: Ich kann zum Niederknien gezwungen sein – ein Zustand des Elends und der Knechtschaft –, aber ich kann auch freiwillig niederknien und so meine Begrenztheit und mein Bedürfnis nach einem Anderen zum Ausdruck bringen. Ihm gegenüber erkläre ich, schwach, bedürftig, ein »Sünder« zu sein. In der Erfahrung des Gebetes bringt das menschliche Geschöpf das ganze Bewusstsein seiner selbst zum Ausdruck – alles, was es von seiner eigenen Existenz erfassen kann. Und gleichzeitig wendet es sein ganzes Selbst dem göttlichen Sein zu, vor dem es steht. Es richtet seine Seele auf das Geheimnis aus, von dem es die Erfüllung des tiefsten Verlangens erwartet und die Hilfe, das Elend des eigenen Lebens zu überwinden. In diesem Blick auf einen Anderen, in diesem Über-sich-selbst-Hinausgehen liegt das Wesentliche des Gebetes als Erfahrung einer Wirklichkeit, die über das sinnlich Wahrnehmbare und das Unwesentliche hinausgeht.

Das Suchen des Menschen findet jedoch nur in dem sich offenbarenden Gott seine ganze Erfüllung. Das Gebet, die Öffnung und Erhebung des Herzens zu Gott, wird so zur persönlichen Beziehung mit ihm. Auch wenn der Mensch seinen Schöpfer vergisst, hört der lebendige und wahre Gott nie auf, als Erster den Menschen zur geheimnisvollen Begegnung mit ihm im Gebet zu rufen. Im *Katechismus* heißt es: »Beim Beten geht diese Bewegung der Liebe des treuen Gottes zuerst von ihm aus; die Bewegung des Menschen ist immer Antwort. In dem Maß, in dem Gott sich offenbart und den Menschen sich selbst erkennen lässt, erscheint das Gebet als ein gegenseitiger Zuruf, als ein Geschehen des Bundes, das durch Worte und Handlungen das Herz mit einbezieht. Es enthüllt sich im Lauf der ganzen Heilsgeschichte« (2567).

Liebe Brüder und Schwestern, wir wollen lernen, mehr vor Gott zu verweilen, vor Gott, der sich in Jesus Christus offenbart hat. Wir wollen lernen, in der Stille, in unserem Innersten seine Stimme zu erkennen, die uns ruft und uns in die Tiefen unserer Existenz, zum Ursprung des Lebens, zur Quelle des Heils zurückführt, um uns über die Begrenztheit unseres Lebens hinausgehen zu lassen und uns für Gottes Maßstäbe zu öffnen, für die Beziehung mit ihm, der unendlichen Liebe.

Abrahams Fürsprache für Sodom

In den letzten beiden Katechesen habe ich über das Gebet als universales Phänomen gesprochen, das, wenn auch in unterschiedlichen Formen, in den Kulturen aller Zeiten aufzufinden ist. Heute möchte ich dagegen zu diesem Thema zu einem biblischen Zyklus übergehen, der uns dahin führen wird, den Dialog des Bundes zwischen Gott und dem Menschen, der die Heilsgeschichte beseelt, bis zum Höhepunkt, dem endgültigen Wort, Jesus Christus, zu vertiefen. Auf diesem Weg werden wir bei einigen wichtigen Texten und beispielhaften Gestalten des Alten und des Neuen Testaments verweilen. Abraham, der große Patriarch, Vater aller Glaubenden (vgl. Röm 4,11–12.16–17), wird uns mit seiner Fürbitte für die Städte Sodom und Gomorra ein erstes Beispiel für das Gebet geben. Zudem möchte ich euch einladen, den Weg, den wir in den kommenden Katechesen beschreiten werden, auch für euch selbst zunutze zu machen, um die Bibel besser kennenzulernen, darin zu lesen und im Gebet darüber nachzudenken, um die wunderbare Geschichte der Beziehung zwischen Gott und dem Menschen zu erfahren, zwischen Gott, der sich uns mitteilt, und dem Menschen, der antwortet, der betet.

Der erste Text, über den wir nachdenken wollen, findet sich im achtzehnten Kapitel des Buches Genesis. Es wird berichtet, dass die Bosheit der Einwohner von Sodom und Gomorra den Höhepunkt erreicht und ein Eingreifen Gottes notwendig machte, um einen Akt der Gerechtigkeit zu vollziehen und durch die Vernichtung jener Städte dem Bösen Einhalt zu gebieten. Hier tritt Abraham mit seiner Fürbitte auf den Plan. Gott entschließt sich, ihm zu offenbaren, was geschehen soll. Er lässt Abraham als Auserwähltem die Schwere der Sünden und ihre schrecklichen Folgen erkennen. Er wurde erwählt, um Vater eines großen Volk zu werden und der ganzen Welt den göttlichen Segen zu bringen. Seine Sendung ist eine Heilssendung, die der Sünde gegenübergestellt werden soll, die in die menschliche Realität eingedrungen ist. Durch ihn will der Herr die Menschheit zum Glauben, zum Gehorsam, zur Gerechtigkeit zurückführen. Abraham, dieser Freund Gottes, öffnet sich gegenüber der Realität und der Not der Welt. Er betet für jene, die bestraft werden sollen und bittet, dass sie gerettet werden mögen.

Abraham erfasst das Problem sofort in all seiner Schwere und sagt zum Herrn: »Willst du auch den Gerechten mit den Ruchlosen wegraffen? Vielleicht gibt es fünfzig Gerechte in der Stadt: Willst du auch sie wegraffen und nicht doch dem Ort vergeben wegen der fünfzig Gerechten dort? Das kannst du doch nicht tun, die Gerechten zusammen mit den Ruchlosen umbringen. Dann ginge es ja dem Gerechten genauso wie dem Ruchlosen. Das kannst du doch nicht tun. Sollte sich der Richter über die ganze Erde nicht an das Recht halten?« (Gen 18,23–25). Mit diesen Worten führt Abraham Gott mit großem Mut die Notwendigkeit vor Augen, eine oberflächliche Gerechtigkeit zu vermeiden: Wenn die Stadt schuldig ist, dann ist es richtig, ihr Vergehen zu verurteilen und die Strafe zu verhängen. Es wäre jedoch – so der große Patriarch – ungerecht, alle Bewohner wahllos zu bestrafen. Wenn es in der Stadt Gerechte gibt, dann können diese nicht wie die Schuldigen behandelt werden. Abraham bitte Gott als gerechten Richter, dies nicht zu tun.

Wenn wir den Text jedoch aufmerksamer lesen, dann merken wir, dass Abrahams Bitte noch ernsthafter und tiefgreifender ist, denn er beschränkt sich nicht darauf, um die Rettung der Unschuldigen zu bitten. Abraham bittet um Vergebung für die ganze Stadt und er tut dies, indem er an Gottes Gerechtigkeit appelliert. Er sagt nämlich zum Herrn: »Willst du [...] nicht doch dem Ort vergeben wegen der fünfzig Gerechten dort?« (Gen 18,24b). So bringt er eine neue Auffassung von Gerechtigkeit ins Spiel: Nicht jene, die sich darauf beschränkt, die Schuldigen zu bestrafen, wie es bei den Menschen üblich ist, sondern eine andere, göttliche Gerechtigkeit, die das Gute sucht und es durch die Vergebung hervorbringt, die den Menschen verwandelt, ihn zur Umkehr führt und ihn rettet. Mit seinem Gebet bittet Abraham also nicht um eine bloße vergeltende Gerechtigkeit, sondern um ein rettendes Eingreifen, das auf die Gerechten Rücksicht nimmt und dadurch auch die Schuldigen von der Schuld befreit, indem er ihnen vergibt. Man könnte Abrahams Gedankengang, der fast paradox erscheint, so zusammenfassen: Natürlich kann man die Schuldigen nicht wie die Gerechten behandeln. Dies wäre ungerecht. Vielmehr bittet er Gott, die »höhere« Gerechtigkeit walten zu lassen und den Schuldigen eine Möglichkeit der Rettung anzubieten. Wenn die Ungerechten Gottes Vergebung annehmen, ihre Schuld bekennen und sich retten lassen, dann werden sie nichts Böses mehr tun und ebenfalls gerecht werden, sodass es nicht mehr nötig sein wird, sie zu bestrafen.

Diese Bitte um Gerechtigkeit bringt Abraham in seiner Fürsprache zum Ausdruck: eine Bitte, die in der Gewissheit gründet, dass der Herr barmherzig ist. Abraham bittet Gott nicht um etwas, das seinem Wesen entgegensteht. Er appelliert an Gottes Herz und kennt seinen wahren Willen. Allerdings ist Sodom eine große Stadt und fünfzig Gerechte scheinen wenig zu sein. Aber offenbaren Gottes Gerechtigkeit und seine Vergebung etwa nicht die Kraft des Guten, auch wenn es kleiner und schwächer als das Böse zu sein scheint?

Die Vernichtung von Sodom sollte das in der Stadt vorhandene Böse aufhalten, aber Abraham weiß, dass Gott andere Wege und Mittel hat, um der Verbreitung des Bösen Einhalt zu gebieten. Die Vergebung unterbricht die Spirale der Sünde und genau darauf beruft sich Abraham in seinem Gespräch mit Gott. Als der Herr sich darauf einlässt, der Stadt zu vergeben, wenn sich fünfzig Gerechte darin finden, steigt Abraham mit seiner Fürsprache in die tiefsten Gründe der göttlichen Barmherzigkeit hinab. Wir erinnern uns, dass Abraham die Zahl der Gerechten, die für die Rettung nötig sind, nach und nach verringert: Wenn es nicht fünfzig sind, dann genügen vielleicht fünfundvierzig und dann geht er immer weiter zurück bis auf zehn und setzt sein inständiges Gebet fort, das in seiner Beharrlichkeit beinahe wagemutig wird: »Vielleicht finden sich dort nur vierzig […] dreißig […] zwanzig […] zehn« (Gen 18,29.30.31.32). Und je geringer die Zahl wird, desto größer offenbart und zeigt sich die Barmherzigkeit Gottes, der das Gebet geduldig anhört, es erhört und bei jeder Bitte wiederholt: Ich werde »vergeben […]. Ich werde sie nicht vernichten […]. Ich werde es nicht tun« (Gen 18,26.28.29.30.31.32).

So kann Sodom auf Abrahams Fürsprache hin gerettet werden, wenn sich in der Stadt auch nur zehn Gerechte finden. Hier zeigt sich die Kraft des Gebetes. Durch die Fürsprache, die an Gott gerichtete Bitte um die Rettung der Anderen, kommt Gottes Heilswille gegenüber dem sündigen Menschen zum Ausdruck. Das Böse darf nicht akzeptiert, es muss aufgezeigt und durch die Strafe vernichtet werden. Genau dies soll mit der Vernichtung Sodoms geschehen. Aber der Herr will nicht den Tod des Sünders, sondern er will, dass er umkehrt und lebt (vgl. Ez 18,23; 33,11). Gott hat immer die Sehnsucht zu vergeben, zu retten, Leben zu schenken, Böses in Gutes zu verwandeln. Und diese göttliche Sehnsucht wird im Gebet zur Sehnsucht des Menschen und kommt durch die Fürbitte zum Ausdruck. Durch sein inständiges Gebet verleiht Abraham dem göttlichen Willen seine Stimme, aber auch sein Herz: Die Sehnsucht Gottes ist Barmherzigkeit, Liebe und Heilswille und diese Sehnsucht Gottes konnte durch das Gebet Abrahams in der Geschichte des Menschen konkret offenbar werden, um dort zu wirken, wo diese Gnade erforderlich ist. Durch sein Gebet verleiht Abrahams Stimme Gottes Sehnsucht seine Stimme – einer Sehnsucht, die nicht darauf ausgerichtet ist, Sodom zu vernichten, sondern es zu retten und den bekehrten Sündern das Leben zu schenken.

Das ist auch der Wille Gottes und sein Gespräch mit Abraham ist eine lange und eindeutige Offenbarung seiner barmherzigen Liebe. Der Anspruch, in der Stadt Gerechte zu finden, wird immer geringer. Am Ende würden zehn genügen, um die gesamte Bevölkerung zu retten. Aus welchem Grund Abraham bei zehn aufhört, geht aus dem Text nicht hervor. Vielleicht entspricht diese Zahl dem Minimum für eine Gemeinschaft (noch heute sind zehn Personen das notwendige Quorum für das öffentliche jüdische Gebet). Jedenfalls handelt es sich um eine verschwindend geringe Anzahl, ein winziges Teil an Gutem, von dem die Rettung von einem großen Übel ausgehen kann. Aber nicht einmal zehn Gerechte finden sich in Sodom und Gomorra und so werden die Städte vernichtet. Die Notwendigkeit dieser Vernichtung wird paradoxerweise gerade durch Abrahams Fürbitte bezeugt. Denn gerade diese Bitte hat Gottes Heilswillen offenbart: Der

Herr war bereit zu vergeben, er verlangte danach, es zu tun, aber die Städte waren in einem allumfassenden, lähmenden Übel verschlossen und es lebten dort nicht einmal einige wenige Gerechte, von denen die Verwandlung des Bösen in Gutes ausgehen konnte. Genau um diesen Heilsweg bat Abraham Gott. Rettung bedeutet nicht nur, der Strafe zu entkommen, sondern von dem Bösen befreit zu werden, das in uns wohnt. Nicht die Strafe muss getilgt werden, sondern die Sünde, die Ablehnung Gottes und der Liebe, die die Strafe bereits in sich trägt. Auch der Prophet Jeremia wirft dem abtrünnigen Volk vor: »Dein böses Tun straft dich, deine Abtrünnigkeit klagt dich an. So erkenne doch und sieh ein, wie schlimm und bitter es ist, den Herrn, deinen Gott, zu verlassen« (Jer 2,19).

Aus dieser Traurigkeit und Bitternis will der Herr den Menschen retten, indem er ihn von der Sünde befreit. Hierfür ist jedoch eine innere Befreiung vom Bösen notwendig, eine Umwandlung von innen her. Es muss ein

Punkt vorhanden sein, an dem das Gute ansetzen kann, von dem aus das Böse in Gutes, Hass in Liebe, Rache in Vergebung verwandelt werden können. Darum müssen die Gerechten in der Stadt sein und Abraham sagt immer wieder: »Vielleicht finden sich dort […]«. »Dort«, innerhalb der kranken Wirklichkeit muss sich der Keim des Guten befinden, der heilen und wieder Leben schenken kann.

Dieses Wort ist auch an uns gerichtet: Wir müssen alles dafür tun, dass sich in unseren Städten der Keim des Guten finde, damit es nicht nur zehn Gerechte gibt, um unsere Städte wirklich leben und überleben zu lassen und uns aus dieser inneren Bitternis zu retten, die in der Abwesenheit Gottes besteht. Und in der kranken Wirklichkeit von Sodom und Gomorra findet sich dieser Keim des Guten nicht. In der Geschichte seines Volkes zeigt sich die Barmherzigkeit Gottes, die noch größer wird. Zwar bedarf es zehn Gerechter, um Sodom zu retten, aber der Prophet Jeremia wird im Namen des Allmächtigen sagen, dass ein einziger Gerechter genügt, um Jerusalem zu retten: »Zieht durch Jerusalems Straßen, schaut genau hin und forscht nach, sucht auf seinen Plätzen, ob ihr einen findet, ob da einer ist, der Recht übt und auf Treue bedacht ist: Dann will ich der Stadt verzeihen« (Jer 5,1). Die Zahl ist weiter gesunken, Gottes Güte erweist sich als noch größer. Dennoch genügt es immer noch nicht, es fehlt auch der eine Gerechte. Die überreiche Barmherzigkeit Gottes findet nicht die Antwort des Guten, nach dem sie sucht, und Jerusalem fällt unter die Belagerung des Feindes.

Gott selbst muss dieser Gerechte werden. Das ist das Geheimnis der Menschwerdung: Um einen Gerechten zu gewährleisten, wird Gott selbst Mensch. Diesen Gerechten wird es immer geben, weil es Gott selbst ist. Diese unendliche und wunderbare göttliche Liebe wird vollkommen offenbar, als der Sohn Gottes Mensch wird, der endgültige Gerechte, der vollkommen Unschuldige, der der ganzen Welt das Heil bringen wird, indem er am Kreuz stirbt und denen vergibt, die »nicht wissen, was sie tun« (vgl. Lk 23,34), und für sie bittet. So wird das Gebet eines jeden Menschen seine Antwort finden, so werden all unser Bitten in Fülle erhört werden.

Liebe Brüder und Schwestern, das inständige Gebet Abrahams, unseres Vaters im Glauben, möge uns lehren, unser Herz immer mehr für die überreiche Barmherzigkeit Gottes zu öffnen, damit wir im täglichen Gebet nach dem Heil der Menschheit verlangen und den Herrn, der reich an Gnade ist, mit Beharrlichkeit und Vertrauen darum bitten können.

Der nächtliche Zweikampf und die Begegnung mit Gott

Heute möchte ich mit euch über einen Text aus dem Buch Genesis nachdenken, der ein ganz besonderes Ereignis aus der Geschichte des Stammvaters Jakob wiedergibt. Die Auslegung dieses Abschnitts ist nicht einfach, aber er ist für unser Glaubens- und Gebetsleben wichtig. Es handelt sich um den Bericht über einen Kampf, in den ein Unbekannter den Stammvater Jakob in der Nacht verwickelt, als er gerade die Furt überschreiten will, um in die Heimat und in das Gebiet seines Bruders Esau zu gelangen.

Jakob hatte seinem Zwillingsbruder Esau das Erstgeburtsrecht im Tausch gegen einen Teller Linsen entzogen und dann mit einer List den Segen seines bereits sehr alten Vaters Isaak erschlichen, indem er seine Blindheit ausnutzte. Um dem Zorn Esaus zu entgehen, nahm er bei einem Verwandten, Laban, Zuflucht. Er hatte dann geheiratet, Reichtum erworben und kehrte jetzt in seine Heimat zurück, wo er bereit war, seinem Bruder zu begegnen, nachdem er einige Vorsichtsmaßnahmen getroffen hatte. Aber als schon alles für diese Begegnung bereit ist und seine Begleiter die Furt des Flusses Jabbok, der Esaus Gebiet begrenzte, überquert hatten, wird Jakob, der allein zurückgeblieben ist, plötzlich von einem Unbekannten angegriffen, der die ganze Nacht mit ihm ringt. Dieser Zweikampf, der im 32. Kapitel des Buches Genesis beschrieben ist, wird für ihn zu einer einzigartigen Gotteserfahrung.

Die Nacht ist die günstigste Zeit, um im Verborgenen zu handeln, also die beste Zeit für Jakob, um das Gebiet seines Bruders zu betreten, ohne gesehen zu werden und vielleicht mit der Vorstellung, Esau zu überrumpeln. Doch stattdessen wird er durch einen unvorhergesehenen Angriff überrascht, auf den er nicht vorbereitet war. Er hatte damals seine Schlauheit benutzt, um einer gefährlichen Situation zu entkommen. Er dachte, er hätte alles unter Kontrolle.

Jetzt muss er sich jedoch einem mysteriösen Kampf stellen, der ihn allein und ohne Möglichkeit, eine angemessene Verteidigung zu organisieren, überrascht. Die ganze Nacht kämpft der Stammvater Jakob mit dem Unbekannten. Der Text gibt die Identität des Angreifers nicht preis. Er verwendet einen hebräischen Begriff, der ganz allgemein »einen Mann«, »einen« oder »jemanden« bezeichnet, eine vage, unbestimmte Beschreibung, die den Angreifer absichtlich im Geheimnisvollen belässt. Es ist dunkel, Jakob kann seinen Gegner nicht genau sehen, und auch dem Leser – uns – bleibt er unbekannt. Jemand widersetzt sich dem Stammvater. Dies ist das einzig Sichere, das vom Erzähler mitgeteilt wird. Erst am Ende, als der Kampf schon vorüber und dieser »jemand« verschwunden ist, erst dann wird Jakob ihn beim Namen nennen und wird sagen können, dass er mit Gott gerungen hat.

Die Episode spielt sich also im Dunkeln

ab und es ist nicht nur schwierig, die Identität von Jakobs Angreifer zu erkennen, sondern auch, wie der Kampf verlaufen wird. Beim Lesen des Abschnitts lässt sich kaum bestimmen, wer von beiden gewinnen wird. Die Verben, die verwendet werden, haben oft kein bestimmtes Subjekt und der Handlungsverlauf ist beinahe widersprüchlich. Wenn man meint, dass einer von beiden gewinne, so wird dies durch die nächste Handlung sofort dementiert und der Andere als Sieger dargestellt. Zu Beginn scheint Jakob der Stärkere zu sein und der Gegner – so der Text – kann »ihm nicht beikommen« (Gen 33,26). Dennoch schlägt er Jakob aufs Hüftgelenk, sodass es ausgerenkt wird. Man sollte also denken, dass Jakob unterliegen wird, doch stattdessen bittet der Andere Jakob, ihn loszulassen. Der Stammvater weigert sich und stellt eine Bedingung: »Ich lasse dich nicht los, wenn du mich nicht segnest« (Gen 33,27). Er, der seinen Bruder um den Segen des Erstgeborenen betrogen hatte, verlangt diesen Segen nun von dem Unbekannten, dessen göttliche Merkmale er vielleicht allmählich wahrzunehmen beginnt, ohne ihn jedoch noch wirklich zu erkennen.

Der Rivale, der von Jakob festgehalten wird und daher besiegt zu sein scheint, beugt sich der Forderung des Stammvaters jedoch nicht, sondern fragt ihn nach seinem Namen: »Wie heißt du?« Und der Stammvater antwortet: »Jakob« (Gen 32,28). Hier nimmt der Kampf eine wichtige Wende. Den Namen von jemandem zu kennen, kommt nämlich einer Art Macht über die Person gleich, denn der biblischen Auffassung zufolge enthält der Name die tiefste Wirklichkeit des Individuums, er enthüllt sein Geheimnis und seine Bestimmung. Den Namen zu kennen bedeutet also, den Anderen wahrhaft zu erkennen und ihn so beherrschen zu können. Als Jakob auf die Bitte des Unbekannten hin seinen Namen verrät, gibt er sich also in die Hände des Gegners: Es ist eine Art Kapitulation, eine Form der völligen Übergabe seiner selbst an den Anderen.

Doch mit dieser Geste der Kapitulation

geht paradoxerweise auch Jakob als Sieger hervor, denn er erhält einen neuen Namen und gleichzeitig die Zuerkennung des Sieges vonseiten des Gegners, der zu ihm sagt: »Nicht mehr Jakob wird man dich nennen, sondern Israel (Gottesstreiter), denn mit Gott und Menschen hast du gestritten und hast gewonnen« (Gen 32,29). Der Name »Jakob« erinnert an die problematische Herkunft des Stammvaters, denn er geht in der hebräischen Ursprungsform auf den Begriff »Ferse« zurück und verweist den Leser auf den Augenblick der Geburt Jakobs: Als er aus dem Mutterleib kam, hielt seine Hand die Ferse seines Zwillingsbruders fest (vgl. Gen 25,26). Dies ist gleichsam eine Vorwegnahme der Tatsache, dass er seinen Bruder im Erwachsenenalter zu dessen Nachteil übertrumpfen sollte. Aber im Namen Jakob klingen auch die Verben »betrügen, verdrängen« an. Und hier nun im Kampf verrät der Stammvater seinem Gegner durch eine Geste der Kapitulation die eigene Wirklichkeit als Betrüger, als Verdränger, aber der Andere,

Gott, verwandelt dieses Negative in etwas Positives: Jakob, der Betrüger, wird zu Israel. Ihm wird ein neuer Name geschenkt, der eine neue Identität darstellt. Aber auch hier behält der Bericht seine gewollte Zweideutigkeit bei, denn die wahrscheinlichste Bedeutung des Namens Israel ist »Gott ist stark, Gott siegt«.

Jakob hat also gesiegt, er hat gewonnen, wie es der Gegner bestätigt, aber seine neue Identität, die er vom Gegner selbst erhalten hat, bezeugt den Sieg Gottes. Und als Jakob seinerseits nach dem Namen seines Gegners fragt, weigert sich dieser, ihn preiszugeben. Vielmehr offenbart er sich durch eine unmissverständliche Geste, indem er den Segen erteilt. Jener Segen, den der Stammvater zu Beginn des Kampfes erbeten hatte, wird ihm jetzt gewährt. Und es ist nicht der durch eine List erschlichene, sondern der ihm unverdient von Gott geschenkte Segen, den Jakob empfangen kann. So kann der Stammvater am Ende des Kampfes, als er den Segen empfangen hat, endlich den Anderen erkennen, den segnenden Gott. Er sagt: »Ich habe Gott von Angesicht zu Angesicht gesehen und bin doch mit dem Leben davongekommen« (Gen 32,31). Jetzt kann er als Träger eines neuen Namens die Furt überqueren, aber er ist von Gott »besiegt« und für immer gezeichnet: Er hinkt aufgrund der ihm zugefügten Verletzung.

Die Bibelexegese gibt vielfältige Erklärungen zu diesem Abschnitt: Insbesondere erkennen die Gelehrten in ihm unterschiedliche Erzählabsichten und literarische Bestandteile, ebenso auch Bezüge auf einige volkstümliche Erzählungen. Aber wenn diese Elemente von den Verfassern der Schrift aufgenommen und in die biblische Erzählung eingefügt werden, ändern sie ihre Bedeutung und der Text öffnet sich auf größere Dimensionen hin. So stellt sich dem Gläubigen die Episode des Kampfes am Jabbok als gleichnishafter Text dar, in dem das Volk Israel über den eigenen Ursprung spricht und die Grundzüge einer besonderen Beziehung zwischen Gott und dem Menschen aufzeigt.

Im *Katechismus der Katholischen Kirche* heißt es: »Die geistliche Überlieferung der Kirche hat darin [in diesem Text] ein Sinnbild des Gebetes gesehen, insofern dieses ein Glaubenskampf und ein Sieg der Beharrlichkeit ist« (2573). Der biblische Text berichtet über die lange Nacht der Suche nach Gott, über das Ringen, seinen Namen kennenzulernen und sein Angesicht zu sehen. Es ist die Nacht des Gebetes, das mit Ausdauer und Beharrlichkeit von Gott den Segen und einen neuen Namen erbittet, eine neue Wirklichkeit, die Frucht der Bekehrung und der Vergebung ist.

Jakobs Nacht an der Furt des Jabbok wird so für den Gläubigen zu einem Bezugspunkt, um die Beziehung zu Gott zu verstehen, die im Gebet ihren höchsten Ausdruck findet. Das Gebet verlangt Vertrauen, Nähe, gleichsam in einem sinnbildlichen Zweikampf, nicht mit einem feindlichen, gegnerischen Gott, sondern mit einem segnenden Herrn, der stets geheimnisvoll bleibt und unerreichbar erscheint. Daher verwendet der biblische

Verfasser das Sinnbild des Ringens, das Mut, Beharrlichkeit und Ausdauer erfordert, um zu erlangen, wonach man sich sehnt. Und wenn der Gegenstand der Sehnsucht die Beziehung zu Gott, sein Segen und seine Liebe ist, dann kann der Höhepunkt des Kampfes nur die Selbsthingabe an Gott sein, in der Anerkennung der eigenen Schwäche, die gerade dann siegreich ist, wenn sie sich in die barmherzigen Hände Gottes begibt.

Liebe Brüder und Schwestern, unser ganzes Leben ist wie diese lange Nacht des Ringens und des Gebetes, die zugebracht wird im Sehnen und in der Bitte um den göttlichen Segen, den man nicht aus eigener Kraft an sich reißen oder gewinnen kann, sondern den man mit Demut von Gott empfangen muss als unentgeltliches Geschenk, durch das man schließlich das Angesicht des Herrn erkennen kann. Und wenn dies geschieht, dann ändert sich unsere ganze Wirklichkeit, dann empfangen wir einen neuen Namen und den Segen Gottes. Und mehr noch: Jakob, der einen neuen Namen empfängt, wird zu Israel und gibt auch dem Ort, an dem er mit Gott gerungen hat, einen neuen Namen: Er nennt ihn »Penuël«, »Gottesgesicht«. Durch diesen Namen erkennt er an, dass der Ort von der Gegenwart des Herrn erfüllt ist, und auf diese Weise heiligt er jenes Land, indem er ihm die Erinnerung an jene geheimnisvolle Begegnung mit Gott gleichsam einprägt. Er, der sich von Gott segnen lässt, liefert sich ihm aus, lässt sich von ihm verwandeln, schenkt der Welt den Segen.

Der Herr helfe uns, den guten Kampf des Glaubens mit Ausdauer zu kämpfen (vgl. 1 Tim 6,12; 2 Tim 4,7) und durch unsere Gebete Gottes Segen zu erlangen, damit wir erneuert werden in der Erwartung, sein Angesicht zu schauen.

Moses Fürbitte für das Volk

Beim Lesen des Alten Testaments tritt eine Gestalt besonders hervor: Mose – und zwar als Mann des Gebetes. Mose, der große Prophet und Anführer in der Zeit des Auszugs aus Ägypten, übt seine Funktion als Mittler zwischen Gott und Israel aus, indem er zum Überbringer des göttlichen Wortes und der göttlichen Gebote für das Volk geworden ist. So hat er das Volk zur Freiheit des Gelobten Landes geführt, indem er die Israeliten während des langen Aufenthalts in der Wüste lehrte, im Gehorsam und im Vertrauen auf Gott zu leben, aber auch – und ich würde sagen vor allem –, indem er für das Volk gebetet hat. Er betet für den Pharao, als Gott durch die Plagen versucht, das Herz der Ägypter zu erweichen (vgl. Ex 8–10). Er bittet den Herrn um die Heilung seiner Schwester Mirjam, die vom Aussatz befallen ist (vgl. Num 12,9–13). Er legt Fürsprache für das

Volk ein, das durch den Bericht der Kundschafter verängstigt ist und aufbegehrt (vgl. Num 14,1–19), und er betet, als das Feuer das Lager zu vernichten droht (vgl. Num 11,1–2) und als viele Menschen durch Giftschlangen getötet werden (vgl. Num 21,4–9). Mose wendet sich an den Herrn und protestiert, als die Last seines Auftrages zu schwer wird (vgl. Num 11,10–15). Er sieht Gott und spricht mit ihm von Angesicht zu Angesicht, wie Freunde miteinander reden (vgl. Ex 24,9–17; 33,7–23; 34,1–10.28–35).

Auch als das Volk am Sinai Aaron bittet, ein goldenes Kalb zu fertigen, betet Mose und übt seine Aufgabe als Fürsprecher aus. Die Episode wird im 32. Kapitel des Buches Exodus wiedergegeben. Ein Parallelbericht steht im 9. Kapitel des Buches Deutoronomium. Bei diesem Ereignis möchte ich in der heutigen Katechese verweilen, insbesondere beim Gebet des Mose, von dem das Buch Exodus berichtet. Das Volk Israel befindet sich am Fuße des Berges Sinai, als Mose auf dem Berg in Erwartung der Übergabe der Tafeln des Bundes vierzig Tage und vierzig Nächte lang fastet (vgl. Ex 24,18; Dtn 9,9). Die Zahl Vierzig hat symbolische Bedeutung und verweist auf die Ganzheitlichkeit der Erfahrung, während durch das Fasten angezeigt wird, dass das Leben von Gott kommt, dass er es ist, der es erhält. Das Essen ist gleichbedeutend mit der Nahrungsaufnahme, die uns erhält. Deshalb kommt dem Fasten, dem Verzicht auf Nahrung, in diesem Fall eine religiöse Bedeutung zu: Es verweist darauf, dass der Mensch nicht nur vom Brot allein lebt, sondern von jedem Wort, das aus dem Mund des Herrn kommt (vgl. Dtn 8,3). Mose weist durch sein Fasten darauf hin, dass er auf das göttliche Gesetz als Quelle des Lebens wartet: Dieses offenbart den Willen Gottes und nährt das Herz des Menschen, indem es ihn in einen Bund mit dem Allerhöchsten eintreten lässt, der die Quelle des Lebens, der das Leben selbst ist.

Doch während der Herr Mose auf dem Berg das Gesetz übergibt, wird es vom Volk am Fuße des Berges übertreten. Unfähig, das

Warten und die Abwesenheit des Mittlers auszuhalten, fordern die Israeliten Aaron auf: »Mach uns Götter, die vor uns herziehen. Denn dieser Mose, der Mann, der uns aus Ägypten heraufgebracht hat – wir wissen nicht, was mit ihm geschehen ist« (Ex 32,1). Das Volk, des Umherziehens mit einem unsichtbaren Gott müde, verlangt jetzt, da auch Mose, der Vermittler, verschwunden ist, nach einer konkreten, greifbaren Präsenz des Herrn und findet im Kalb aus geschmolzenem Metall, von Aaron gegossen, einen Gott, der zu ihnen passt, der steuerbar, zugänglich und für den Menschen erreichbar ist.

Dies ist eine Versuchung, die den Glaubensweg stets begleitet: sich dem göttlichen Geheimnis zu entziehen, indem man einen greifbaren Gott schafft, der den eigenen Vorstellungen, den eigenen Plänen entspricht. Das Geschehen am Sinai zeigt die ganze Torheit und die illusorische Eitelkeit dieses Anspruchs auf, denn – wie es im Psalm 106 ironisch heißt – »die Herrlichkeit Gottes tauschten sie ein gegen das Bild eines Stieres, der

Gras frisst« (Ps 106,20). Daher reagiert der Herr und befiehlt Mose, vom Berg herabzusteigen. Er offenbart ihm das Treiben des Volkes und schließt mit diesen Worten: »Jetzt lass mich, damit mein Zorn gegen sie entbrennt und sie verzehrt. Dich aber will ich zu einem großen Volk machen« (Ex 32,10).

Wie bei Abraham im Zusammenhang mit Sodom und Gomorra offenbart Gott auch jetzt Mose, was er zu tun beabsichtigt, als ob er gewissermaßen nicht ohne seine Zustimmung handeln wolle. Er sagt: »Lass mich, damit mein Zorn gegen sie entbrennt.« In Wirklichkeit wird dieses »Lass mich, damit mein Zorn gegen sie entbrennt« eben deshalb gesagt, damit Mose eingreift und ihn bittet, es nicht zu tun. So wird offenbar, dass Gottes Wille stets auf das Heil ausgerichtet ist. Wie im Falle der beiden Städte zur Zeit Abrahams weisen Bestrafung und Zerstörung, in denen Gottes Zorn als Zurückweisung des Bösen zum Ausdruck kommt, auf die Schwere der begangenen Sünde hin. Gleichzeitig soll die Bitte des Fürsprechers den Vergebungswillen des Herrn zum Ausdruck bringen. Das ist Gottes Heil, das die Barmherzigkeit einschließt und gleichzeitig die Wahrhaftigkeit der Sünde, des Bösen, das existiert, anklagt. Der Sünder kann, wenn er das Böse erkannt und zurückgewiesen hat, sich von Gott vergeben und verwandeln lassen. Das Fürbittgebet lässt auf diese Weise in der verdorbenen Wirklichkeit des sündigen Menschen die göttliche Barmherzigkeit wirksam werden, die in der Fürbitte des Beters zum Ausdruck kommt und durch ihn dort gegenwärtig wird, wo Heil nötig ist.

Moses Fürbitte ist ganz auf die Treue und die Gnade des Herrn ausgerichtet. Er erwähnt zunächst die Heilsgeschichte, die Gott mit dem Auszug Israels aus Ägypten begonnen hat, um dann die alte Verheißung in Erinnerung zu rufen, die er den Vätern gegeben hat. Der Herr hat das Heil gewirkt, indem er sein Volk aus der ägyptischen Knechtschaft befreit hat. Deshalb fragt Mose: »Sollen etwa die Ägypter sagen können: In böser Absicht hat er sie herausgeführt, um sie im

Gebirge umzubringen und sie vom Erdboden verschwinden zu lassen?« (Ex 32,12).

Das begonnene Heilswerk muss vollendet werden. Wenn Gott sein Volk umkommen lassen würde, könnte man dies als Zeichen auslegen, dass Gott nicht in der Lage sei, den Heilsplan zur Erfüllung zu bringen. Gott kann das nicht zulassen: Er ist der gute Herr, der Retter, der Garant des Lebens, er ist der Gott der Barmherzigkeit und der Vergebung, der Befreiung von der todbringenden Sünde. Und so appelliert Mose an Gott, an das Innere Gottes, gegen das äußere Urteil. Wenn aber, so argumentiert Mose gegenüber dem Herrn, seine Auserwählten umkommen, auch wenn sie schuldig sind, dann könnte man meinen, dass er nicht fähig sei, die Sünde zu besiegen. Und das kann man nicht akzeptieren. Mose hat den Gott des Heils konkret erfahren. Er ist als Mittler der göttlichen Befreiung gesandt worden und bringt jetzt durch sein Gebet eine zweifache Sorge zum Ausdruck: Er ist besorgt um das Schicksal seines Volkes, aber gleichzeitig auch um die Ehre, die dem Herrn gebührt, um der Wahrhaftigkeit seines Namens willen. Der Fürsprecher möchte, dass das Volk Israel gerettet wird, da es die ihm anvertraute Herde ist, aber auch, damit in diesem Heil die wahre Wirklichkeit Gottes zum Ausdruck kommt. Die Liebe zu den Brüdern und die Liebe zu Gott durchdringen einander in der Fürbitte; sie sind nicht voneinander zu trennen. Mose, der Fürsprecher, ist ein Mann, der auf diese zwei Formen der Liebe ausgerichtet ist, die einander im Gebet überlagern und so ein einziges Verlangen nach dem Guten bilden.

Dann appelliert Mose an Gottes Treue und erinnert ihn an seine Verheißungen: »Denk an deine Knechte, an Abraham, Isaak und Israel, denen du mit einem Eid bei deinem eigenen Namen zugesichert und gesagt hast: Ich will eure Nachkommen zahlreich machen wie die Sterne am Himmel, und: Dieses ganze Land, von dem ich gesprochen habe, will ich euren Nachkommen geben und sie sollen es für immer besitzen« (Ex 32,13). Mose ruft die Gründungsgeschichte in Erinnerung, die Geschichte der Urväter des Volkes und ihre vollkommen unverdiente Erwählung, in der Gott allein die Initiative ergriffen hatte. Nicht aufgrund ihrer Verdienste hatten sie die Verheißung empfangen, sondern aufgrund der freien Entscheidung Gottes und seiner Liebe (vgl. Dtn 10,15). Und jetzt bittet Mose, dass der Herr seine Geschichte der Erwählung und des Heils in Treue fortsetzt und seinem Volk vergibt.

Der Fürsprecher bringt keine Entschuldigungen für die Sünde seines Volkes vor, er listet keine angeblichen Verdienste auf, weder die des Volkes noch seine eigenen, sondern er beruft sich auf Gottes barmherzige Liebe: ein freier Gott, der ganz und gar Liebe ist und unablässig nach denen sucht, die sich entfernt haben, der sich selbst stets treu bleibt und dem Sünder die Möglichkeit anbietet, zu ihm zurückzukehren und durch die Vergebung gerecht und zur Treue fähig zu werden. Mose bittet Gott auch, sich stärker als Sünde und Tod zu erweisen. Durch sein Gebet ruft er diese göttliche Offenbarung hervor. Als Mittler des Lebens solidarisiert sich der Fürsprecher mit dem Volk: Einzig und allein vom Heilswunsch beseelt, von dem auch Gott selbst beseelt ist, verzichtet er auf die Aussicht, zu einem neuen, dem Herrn gefälligen Volk zu werden. Das Wort, das Gott an ihn gerichtet hatte – »dich aber will ich zu einem großen Volk machen« –, zieht der »Freund« Gottes nicht einmal in Betracht. Vielmehr ist er bereit, nicht nur die Schuld seines Volkes, sondern auch all ihre Folgen auf sich zu nehmen. Als er nach der Zerstörung des goldenen Kalbs auf den Berg zurückkehrt, um erneut für das Heil für Israel zu bitten, sagt er zum Herrn: »Doch jetzt nimm ihre Sünde von ihnen! Wenn nicht, dann streich mich aus dem Buch, das du angelegt hast« (Ex 32,32). Durch das Gebet, indem er wünscht, was Gott wünscht, gelangt der Fürsprecher zu einer immer tieferen Erkenntnis des Herrn und seiner Barmherzigkeit. Er wird fähig zur Liebe bis hin zur völligen Selbsthingabe.

In Mose, der auf dem Gipfel des Berges Gott von Angesicht zu Angesicht gegenübersteht, sich zum Fürsprecher seines Volkes macht und selbst als Opfer anbietet – »streich mich« –, haben die Kirchenväter eine Vorwegnahme Christi gesehen, der auf der Höhe des Kreuzes wirklich vor Gott steht, nicht nur als Freund, sondern als Sohn. Und er bietet sich nicht nur als Opfer an – »streich mich!« –, sondern durch sein durchbohrtes Herz lässt er sich »streichen«, wird er, wie der heilige Paulus sagt, zur Sünde, nimmt er unsere Sünde auf sich, um uns zu erlösen. Seine Fürsprache ist nicht nur Solidarität, sondern Identifikation mit uns: Er trägt uns alle in seinem Leib. Und so ist sein ganzes Leben als Mensch und als Sohn ein Schrei zum Herzen Gottes. Es ist Vergebung, aber eine Vergebung, die verwandelt und erneuert.

Ich denke, dass wir über diese Wirklichkeit nachdenken müssen. Christus steht vor dem Angesicht Gottes und betet für mich. Sein Gebet am Kreuz gilt allen Menschen in gleicher Weise, es gilt auch mir: Er betet für mich, er hat für mich gelitten und leidet für mich, er hat sich mit mir identifiziert, indem er unseren Leib und die menschliche Seele angenommen hat. Und er lädt uns ein, in diese seine Identität einzutreten, indem wir ein Leib, ein Geist mit ihm werden, denn er hat von hoch oben am Kreuz keine neuen Gesetze, keine Tafeln aus Stein gebracht, sondern sich selbst, seinen Leib und sein Blut, als neuen Bund. So macht er uns zu seinen Blutsverwandten, zu einem Leib mit ihm, ihm gleichgestaltet. Er lädt uns ein, mit ihm vereint zu sein in unserem Wunsch, ein Leib und ein Geist mit ihm zu sein. Bitten wir den Herrn, dass diese Gleichgestaltung uns verwandeln und uns erneuern möge, denn die Vergebung ist Erneuerung, ist Verwandlung.

Ich möchte diese Katechese mit dem Worten des Apostels Paulus an die Christen von Rom beenden: »Wer kann die Auserwählten Gottes anklagen? Gott ist es, der gerecht macht. Wer kann sie verurteilen? Christus Jesus, der gestorben ist, mehr noch: der auferweckt worden ist, sitzt zur Rechten Gottes und tritt für uns ein. Wer kann uns scheiden von der Liebe Christi? […] Weder Tod noch Leben, weder Engel noch Mächte, […] noch irgendeine andere Kreatur können uns scheiden von der Liebe Gottes, die in Christus Jesus ist, unserem Herrn« (Röm 8,33–35;38.39).

Elija als große Gestalt des Gebetes

In der Glaubensgeschichte des alten Israel waren die Propheten mit ihrer Lehre und ihrer Verkündigung von großer Bedeutung. Unter ihnen ragt die Gestalt des Elija heraus, der von Gott beauftragt wurde, um das Volk zur Umkehr zu bewegen. Sein Name bedeutet »der Herr ist mein Gott« und diesem Namen entsprechend verläuft sein Leben, das ganz darauf ausgerichtet ist, beim Volk die Anerkennung des Herrn als einzigen Gott hervorzurufen. Im Buch Jesus Sirach steht über Elija: »Da stand ein Prophet auf wie Feuer, seine Worte waren wie ein brennender Ofen« (Sir 48,1). Mit dieser Flamme findet Israel wieder seinen Weg zurück zu Gott. In seinem Dienst betet Elija: Er bittet den Herrn, den Sohn einer Witwe, die ihn beherbergt hat, wieder zum Leben zu erwecken (vgl. 1 Kön 17,17–24). Er ruft zu Gott auf der Flucht in die Wüste, in seiner Müdigkeit und Angst, als Königin Isebel ihm nach dem Leben trachtet (vgl. 1 Kön 19,1–4). Vor allem aber auf dem Berg Karmel erweist er sich in all seiner Kraft als Fürsprecher, als er den Herrn bittet, sich vor ganz Israel zu offenbaren und das Herz des Volkes zu bekehren. Bei dieser Episode aus dem achtzehnten Kapitel des ersten Buches der Könige wollen wir heute verweilen.

Wir befinden uns im Nordreich, im neunten Jahrhundert vor Christus, zur Zeit des Königs Ahab, als in Israel eine Situation des offenen Synkretismus entstanden war. Neben dem Herrn betete das Volk den Baal an, den Trost versprechenden Götzen, von dem man glaubte, dass er das Geschenk des Regens hervorbringe. Daher wurde ihm die Macht zugesprochen, den Feldern Fruchtbarkeit und den Menschen und dem Vieh Leben zu schenken. Obgleich das Volk behauptete, dem Herrn zu folgen, dem unsichtbaren und geheimnisvollen Gott, suchte es auch nach Sicherheit bei einem verstehbaren und vorhersehbaren Gott, von dem es dachte, Fruchtbarkeit und Wohlstand im Austausch gegen entsprechende Opfer zu erhalten. Israel gab allmählich der Verführung zum Götzendienstes nach, der ständigen Versuchung der Gläubigen: Es erlag der Täuschung, »zwei Herren dienen« zu können (vgl. Mt 6,24; Lk 16,13), und den unwegsamen Glauben an den Allmächtigen dadurch zu erleichtern, dass es sein Vertrauen auch auf einen ohnmächtigen, von Menschenhand geschaffenen Gott setzte.

Um die trügerische Torheit dieser Einstellung zu entlarven, lässt Elija das Volk Israel auf dem Berg Karmel versammeln und stellt es vor die Notwendigkeit, eine Entscheidung zu treffen: »Wenn Jahwe der wahre Gott ist, dann folgt ihm! Wenn aber Baal es ist, dann folgt diesem!« (1 Kön 18,21). Und der Prophet, Übermittler der Liebe Gottes, lässt sein Volk angesichts dieser Entscheidung nicht allein, sondern hilft ihm, indem er auf das Zeichen hinweist, das die Wahrheit ans Licht bringen wird: Sowohl er als auch die Propheten des Baal werden ein Opfer vorbereiten und beten und der wahre Gott wird sich offenbaren, indem er durch das Feuer antwortet, das das Opfer verzehren wird. So beginnt die Gegenüberstellung zwischen dem Propheten Elija und den Anhängern des Baal – in Wirklichkeit eine Gegenüberstellung zwischen dem Herrn Israels, dem Gott des Heils und des Lebens, und dem stummen und unbeständigen Götzen, der weder Schaden zufügen noch Gutes bewirken kann (vgl. Jer 10,5). Und so beginnt auch die Gegenüberstellung zwischen zwei vollkommen unterschiedlichen Weisen, sich an Gott zu wenden und zu beten.

Die Propheten des Baal nämlich schreien, schütteln sich, tanzen ekstatisch, verfallen in Raserei und ritzen sich sogar »mit Schwertern und Lanzen wund, bis das Blut an ihnen herabfloss« (1 Kön 18,28). Sie fallen auf sich selbst zurück, um ihren Gott anzurufen. Sie müssen auf ihre eigenen Fähigkeiten vertrauen, um seine Antwort hervorzulocken. Auf diese Weise zeigt sich die trügerische Wirklichkeit des Götzen: Er wurde vom Menschen als etwas erdacht, über das man verfügen kann, das man aus eigener Kraft heraus lenken kann, zu dem man aus sich selbst und aus der eigenen Lebenskraft heraus Zugang finden kann. Statt das Herz des Menschen auf den Anderen hin zu öffnen, auf eine befreiende Beziehung, durch die man aus dem engen Raum des eigenen Egoismus herauskommt, um zu Dimensionen der Liebe und der gegenseitigen Hingabe zu gelangen, schließt die Anbetung des Götzen den Menschen in den geschlossenen, zur Verzweiflung führenden Kreis der Suche nach sich selbst ein, die den Anderen ausschließt. Und die Täuschung ist so groß, dass sich der Mensch bei der Anbetung des Götzen zu extremen Handlungen gezwungen sieht, im trügerischen Versuch, ihn seinem eigenen Willen zu unterwerfen. Daher tun sich die Propheten des Baal sogar selbst weh, verwunden ihren Körper durch eine auf dramatische Weise ironische Geste: Um eine Antwort, ein Lebenszeichen von ihrem Gott zu erhalten, bedecken sie sich mit Blut und somit symbolisch mit dem Tod.

Elija dagegen nimmt eine ganz andere Gebetshaltung ein. Er lädt das Volk ein, sich zu nähern, und bindet es so in sein Handeln und in sein Gebet ein. Der Zweck der Herausforderung an die Propheten des Baal bestand darin, das Volk, das vom Weg abgekommen war, indem es den Götzen folgte, wieder zu Gott zurückzubringen. Daher will er, dass Israel sich mit ihm vereint, indem es an seinem Gebet und am Geschehen teilnimmt. Dann errichtet der Prophet einen Altar und nimmt dazu, wie es im Text heißt, »zwölf Steine nach der Zahl der Stämme der Söhne Jakobs, zu dem der Herr gesagt hatte: Israel soll dein Name sein« (1 Kön 18,31). Diese Steine repräsentieren ganz Israel. Sie sind die greifbare Erinnerung an die Geschichte der Erwählung, der besonderen Liebe und des Heils, deren Gegenstand das Volk war. Elijas liturgische Handlung hat eine entscheidende Bedeutung. Der Altar ist ein heiliger Ort, der die Gegenwart des Herrn anzeigt, doch die Steine, aus denen er zusammengesetzt ist, stellen das Volk dar, das jetzt durch die Vermittlung des Propheten symbolisch vor Gott gestellt wird und zum »Altar« wird, zum Ort der Hingabe und des Opfers.

Das Symbol muss jedoch Wirklichkeit werden. Israel muss den wahren Gott anerkennen und seine eigene Identität als Volk des Herrn wiederfinden. Daher bittet Elija Gott, sich zu offenbaren, und jene zwölf Steine, die Israel an seine Wahrheit erinnern sollen, dienen auch dazu, den Herrn an seine Treue zu erinnern, auf die sich der Prophet im Gebet beruft. Die Worte seines Gebetes sind reich an Bedeutung und Glauben: »Herr, Gott Abrahams, Isaaks und Israels, heute soll man erkennen, dass du Gott bist in Israel, dass ich dein Knecht bin und all das in deinem Auftrag tue. Erhöre mich, Herr, erhöre mich! Dieses Volk soll erkennen, dass du, Herr, der wahre Gott bist und dass du sein Herz zur Umkehr wendest« (1 Kön 18,36–37; vgl. Gen 32,36–37). Indem Elija sich an den Herrn wendet und ihn den Gott der Väter nennt, ruft er unausgesprochen die göttlichen Verheißungen und die Geschichte der Erwählung und des Bundes in Erinnerung, die den Herrn untrennbar mit seinem Volk verbunden hat. Gott ist so sehr mit der Geschichte der Menschheit verknüpft, dass sein Name nunmehr untrennbar mit dem der Patriarchen verbunden ist, und der Prophet spricht diesen heiligen Namen aus, damit Gott sich erinnert und sich als treu erweist, doch auch, damit Israel sich bei seinem Namen gerufen fühlt und zu seiner Treue zurückfindet.

Der göttliche Titel, den Elija ausspricht, erscheint in der Tat ein wenig überraschend. Statt die übliche Formel »Gott Abrahams, Isaaks und Jakobs« zu verwenden, benutzt er einen weniger gebräuchlichen Namen: »Gott Abrahams, Isaaks und Israels«. Der Austausch des Namens »Jakob« durch »Israel« ruft Jakobs Kampf an der Furt des Jabbok ins Gedächtnis, mit dem der Erzähler ausdrücklich auf den Namenswechsel hinweist (vgl. Gen 32,31), über den ich in einer der letzen Katechesen gesprochen habe. Dieser Austausch erhält im Gebet des Elija eine prägnante Bedeutung. Der Prophet betet für das Volk des Nordreichs, das »Israel« heißt, und sich von Juda, dem Südreich, unterscheidet. Und dieses Volk, das seinen Ursprung und seine besondere Beziehung zum Herrn vergessen zu haben scheint, fühlt sich jetzt beim Namen gerufen, als der Name Gottes, des Gottes des Patriarchen und des Volkes, ausgesprochen wird: »Herr, Gott [...] Israels, heute soll man erkennen, dass du Gott bist in Israel.«

Das Volk, für das Elija betet, wird vor seine eigene Wahrheit gestellt und der Prophet bittet, dass sich auch die Wahrheit des Herrn zeigen und er eingreifen möge, um Israel zu bekehren, es von der Täuschung des Götzendienstes abzubringen und es so zum Heil zu führen. Er bittet, dass das Volk endlich wissen und vollkommen erkennen möge, wer wirklich sein Gott ist, und sich endgültig entscheiden möge, ihm allein, dem wahren Gott, zu folgen. Denn nur so wird Gott als das erkannt, was er ist, absolut und transzendent, ohne die Möglichkeit, ihm andere Götter zur Seite zu stellen, die seine Absolutheit durch seine Relativierung leugnen würden. Das ist der Glaube, der Israel zum Volk Gottes macht. Es ist der Glaube, der im bekannten Text des Sch'ma Israel verkündet wird: »Höre Israel! Jahwe, unser Gott, Jahwe ist einzig. Darum sollst du den Herrn, deinen Gott, lieben mit ganzem Herzen, mit ganzer Seele und mit ganzer Kraft« (Dtn 6,4–5).

Auf Gottes Absolutheit muss der Gläubige mit einer absoluten, allumfassenden Liebe antworten, die sein ganzes Leben, seine Kraft, sein Herz einbezieht. Und gerade für das Herz seines Volkes erbittet der Prophet mit seinem Gebet die Umkehr: »Dieses Volk soll erkennen, dass du, Herr, der wahre Gott bist und dass du sein Herz zur Umkehr wendest« (1 Kön 18,37). Elija bittet durch seine Fürsprache Gott um das, was Gott selbst tun möchte: sich in seiner ganzen Barmherzigkeit, getreu seiner eigenen Wirklichkeit als Herr des Lebens, der vergibt, zur Umkehr führt und verwandelt, zu zeigen.

Und genau dies geschieht: »Da kam das Feuer des Herrn herab und verzehrte das Brandopfer, das Holz, die Steine und die Erde. Auch das Wasser im Garten leckte es auf. Das ganze Volk sah es, warf sich auf das Angesicht nieder und rief: Jahwe ist Gott, Jahwe ist Gott« (1 Kön 18,38–39). Das Feuer, dieses notwendige und zugleich schreckliche Element, das mit den göttlichen Offenbarungen des brennenden Dornbusches und des Sinai verbunden ist, dient nun dazu, die Liebe Gottes aufzuzeigen, der auf das Gebet antwortet und sich seinem Volk offenbart. Baal, der stumme und ohnmächtige Götze, hatte nicht auf die Gebete seiner Propheten geantwortet. Der Herr dagegen antwortet, und zwar in unmissverständlicher Weise, indem er nicht nur das Brandopfer verzehrt, sondern sogar das ganze Wasser auftrocknet, das um den Altar herum ausgegossen worden war. Israel kann keine Zweifel mehr haben. Die göttliche Barmherzigkeit ist seiner Schwachheit, seinen Zweifeln, seinem Mangel an Glauben entgegengekommen. Nun ist

Baal, der leere Götze, besiegt, und das Volk, das verloren zu sein schien, hat den Weg der Wahrheit und sich selbst wiedergefunden.

Liebe Brüder und Schwestern, was sagt uns diese Geschichte aus der Vergangenheit? Welche Bedeutung hat sie für die Gegenwart? Vor allem geht es um den Vorrang des ersten Gebotes: Gott allein zu verehren. Wo Gott verschwindet, verfällt der Mensch der Knechtschaft des Götzendienstes. Dies hat sich in unserer Zeit in den totalitären Regimen gezeigt und auch in verschiedenen Formen des Nihilismus: Sie machen den Menschen von Götzen, vom Götzendienst abhängig, sie versklaven ihn. Zweitens ist das vorrangige Ziel des Gebetes die Umkehr: das Feuer Gottes, das unser Herz verwandelt und uns fähig macht, Gott zu sehen und so Gottes Willen entsprechend und für den Anderen zu leben. Und der dritte Punkt: Die Väter sagen uns, dass auch diese Geschichte eines Propheten prophetisch ist, wenn sie, wie sie sagen, den Schatten der Zukunft vorauswirft, der Zukunft, die Christus ist. Sie ist ein

Schritt auf dem Weg zu Christus hin. Und sie sagen uns, dass wir hier das wahre Feuer Gottes erblicken: die Liebe, die den Herrn bis zum Kreuz, bis zur völligen Selbsthingabe führt. Die wahre Anbetung Gottes bedeutet also, sich selbst Gott und den Menschen hinzugeben, die wahre Anbetung ist die Liebe. Die wahre Anbetung Gottes zerstört nicht, sondern sie erneuert, sie verwandelt. Gewiss, das Feuer Gottes, das Feuer der Liebe brennt, verwandelt, läutert, doch gerade so zerstört es nicht, sondern schafft vielmehr die Wahrheit unseres Daseins, erschafft unser Herz neu. Und so, als wirklich Lebende, durch die Gnade des Feuers des Heiligen Geistes, der Liebe Gottes, sind wir Beter im Geist und in der Wahrheit.

Das »Gebetbuch« des Gottesvolkes: die Psalmen

In den vorherigen Katechesen haben wir einige Gestalten des Alten Testaments betrachtet, die für unsere Reflexion über das Gebet besonders bedeutsam sind. Ich habe über Abraham gesprochen, der für die fremden Städte Fürsprache einlegt, über Jakob, der im nächtlichen Kampf den Segen empfängt, über Mose, der um Vergebung für sein Volk bittet, und über Elija, der für die Bekehrung Israels betet. Mit der heutigen Katechese möchte ich einen neuen Abschnitt beginnen: Anstatt bestimmte Abschnitte über betende Persönlichkeiten zu kommentieren, gehen wir nun auf das »Gebetbuch« schlechthin ein, das Buch der Psalmen. In den nächsten Katechesen werden wir einige der schönsten Psalmen lesen und betrachten, die der Gebetstradition der Kirche besonders am

Herzen liegen. Heute möchte ich sie einleiten, indem ich über das Buch der Psalmen als Ganzes spreche.

Der Psalter stellt sich uns als ein »Gebetsformular« dar, als eine Sammlung von einhundertfünfzig Psalmen, die die biblische Überlieferung dem Volk der Gläubigen schenkt, damit sie zu seinem, zu unserem Gebet werden, und uns auf diese Weise ermöglichen, uns an Gott zu wenden und mit ihm in Beziehung zu treten. In diesem Buch kommt die ganze menschliche Erfahrung in ihren zahlreichen Schattierungen zum Ausdruck und die ganze Bandbreite der Empfindungen, die das menschliche Dasein begleiten. In den Psalmen werden Freude und Leid, Sehnsucht nach Gott und Wahrnehmung der eigenen Unwürdigkeit, Glück und Verlassenheit, Vertrauen auf Gott und schmerzhafte Einsamkeit, Fülle des Lebens und Angst vor dem Tod miteinander verknüpft und zum Ausdruck gebracht. Die ganze Wirklichkeit des Gläubigen fließt in jene Gebete ein, die zunächst das Volk Israel und dann die Kirche als besondere Form der Vermittlung der Beziehung zu dem einen Gott und als angemessene Antwort auf seine Offenbarung in der Geschichte angenommen haben. Als Gebete sind die Psalmen Ausdrucksformen des Glaubens, in denen sich alle wiedererkennen können und in denen die Erfahrung der besonderen Nähe zu Gott vermittelt wird, zu der jeder Mensch berufen ist. Die ganze Komplexität des menschlichen Daseins ist in der Komplexität der verschiedenen literarischen Formen der einzelnen Psalmen zusammengefasst: Lobgesänge, Klagelieder, individuelle und gemeinschaftliche Bitten, Dankeslieder, Bußpsalmen, Weisheitspsalmen und andere Gattungen lassen sich in diesen poetischen Texten wiederfinden.

Trotz dieser vielfältigen Ausdrucksformen können zwei große Bereiche ausgemacht werden, in denen sich das Gebet der Psalmen zusammenfassen lässt: die Bitte, die mit der Klage verbunden ist, und der Lobpreis, zwei miteinander verbundene und gleichsam untrennbare Dimensionen. Denn die Bitte ist von der Gewissheit beseelt, dass Gott antworten wird. Dies führt zu Lob und Dank. Lob und Dank entspringen der Erfahrung des empfangenen Heils, das eine Hilfsbedürftigkeit voraussetzt, die die Bitte zum Ausdruck bringt. In der Bitte klagt der Beter und beschreibt seinen Zustand der Angst, der Gefahr, der Betrübnis oder er bekennt – wie in den Bußpsalmen – die Schuld, die Sünde, und bittet um Vergebung. Er legt dem Herrn seine Not dar im Vertrauen, erhört zu werden, und das setzt voraus, dass Gott als ein guter Gott erkannt wird, der das Wohl des Menschen will und »Freund des Lebens« ist (vgl. Weish 11,26), der bereit ist zu helfen, zu retten, zu vergeben. So betet der Psalmist zum Beispiel in Psalm 31: »Herr, ich suche Zuflucht bei dir. Lass mich doch niemals scheitern […]. Du wirst mich befreien aus dem Netz, das sie mir heimlich legten; denn du bist meine Zuflucht« (Ps 31,2.5).

Bereits in der Klage kann also etwas an Lobpreis anklingen, der sich in der Hoffnung auf das göttliche Eingreifen ankündigt und der dann ganz deutlich hervortritt, wenn das göttliche Heil Wirklichkeit wird. Entsprechend erkennt man in den Dank- und Lobpsalmen, in denen man der empfangenen Gabe oder der großen Barmherzigkeit Gottes gedenkt, auch die eigene Kleinheit und Heilsbedürftigkeit an, die die Grundlage des Gebetes ist. So bekennt man vor Gott die eigene Geschöpflichkeit, die unwiderruflich vom Tod geprägt ist und dennoch einen tief verwurzelten Wunsch nach Leben in sich trägt. Daher ruft der Psalmist im Psalm 86 aus: »Ich will dir danken, Herr, mein Gott, aus ganzem Herzen, will deinen Namen ehren immer und ewig. Du hast mich den Tiefen des Totenreichs entrissen. Denn groß ist über mir deine Huld« (Ps 86,12–13). Auf diese Weise werden im Psalmgebet Bitte und Lobpreis miteinander verknüpft und verschmelzen zu einem einzigen Lobgesang, der die ewige Gnade des Herrn rühmt, der sich unserer Schwachheit annimmt.

Gerade um dem Volk der Gläubigen zu

ermöglichen, in diesen Gesang einzustimmen, wurde Israel und der Kirche das Buch der Psalmen geschenkt, denn die Psalmen lehren uns beten. In ihnen wird das Wort Gottes zum Wort des Gebetes – es sind die Worte des inspirierten Psalmisten –, das auch zum Wort des Beters wird, der die Psalmen betet.

Das ist die Schönheit und die Besonderheit dieses biblischen Buches: Im Gegensatz zu anderen Gebeten, die wir in der Heiligen Schrift finden, sind die darin enthaltenen Gebete nicht in eine erzählende Handlung eingebunden, die ihre Bedeutung und ihre Funktion genauer erklärt. Die Psalmen werden dem Gläubigen als Gebetstext geschenkt, dessen einzige Absicht ist, zum Gebet dessen zu werden, der sie übernimmt und sich mit ihnen an Gott wendet. Da sie Gottes Wort sind, spricht derjenige, der sie betet, mit eben den Worten zu Gott, die er uns geschenkt hat. Er wendet sich an ihn mit den Worten, die Gott selbst uns schenkt. So lernt man beten, indem man die Psalmen betet. Sie sind eine Schule des Gebetes.

Etwas Vergleichbares geschieht, wenn ein Kind zu sprechen beginnt, wenn es also lernt, die eigenen Empfindungen, Gefühle, Bedürfnisse in Worte zu fassen, die ihm nicht von Geburt an zu eigen sind, sondern die es von seinen Eltern und von seiner Umgebung lernt. Das Kind will sein eigenes Erleben zum Ausdruck bringen, doch das Ausdrucksmittel stammt von Anderen. Das Kind eignet sich die von den Eltern empfangenen Worte nach und nach an, es werden seine eigenen Worten und durch diese Worte erlernt es auch eine Art des Denkens und Empfindens, findet es Zugang zu einer ganzen Begriffswelt, in der es heranwächst und in der es in Beziehung zur Wirklichkeit, zu den Menschen und zu Gott tritt. Schließlich wird die Sprache seiner Eltern zu seiner Sprache, es spricht mit Worten, die es von Anderen empfangen hat und die nunmehr seine Worte geworden sind.

Dasselbe geschieht beim Beten der Psalmen. Diese sind uns geschenkt, damit wir lernen, uns an Gott zu wenden, mit ihm zu sprechen, zu ihm über uns mit seinen Worten zu reden, eine Sprache für die Begegnung mit Gott zu finden. Und durch diese Worte wird es auch möglich, die Maßstäbe seines Handelns zu erkennen und anzunehmen, sich dem Geheimnis seiner Gedanken und seiner Wege zu nähern (vgl. Jes 55,8–9), um so immer mehr im Glauben und in der Liebe zu wachsen. Ebenso wie unsere Worte nicht nur Worte sind, sondern uns eine reale und begriffliche Welt nahebringen, so bringen diese Gebete uns auch das Herz Gottes nahe. Daher können wir nicht nur mit Gott sprechen, sondern wir können lernen, wer Gott ist. Indem wir lernen, mit ihm zu sprechen, erlernen wir das Menschsein, lernen wir, wir selbst zu sein.

In diesem Zusammenhang ist der Titel, den die jüdische Überlieferung dem Buch der Psalmen gegeben hat, von Bedeutung: Er lautet »Tehillîm«. Dieser jüdische Begriff bedeutet »Lobpreis« und kommt von jenem Verbstamm her, den wir im Ausdruck »Halleluja« wiederfinden, also wörtlich: »Lobet den Herrn«.

Dieses Gebetbuch ist also, obgleich es mit seinen verschiedenen literarischen Gattungen und mit seiner Aufteilung in Lobpreis und Bitte so vielfältig und komplex ist, letztlich ein Buch mit Lobgesängen, das uns lehrt, Dank zu sagen, die Größe des göttlichen Geschenkes zu preisen, die Schönheit seiner Werke zu erkennen und seinen heiligen Namen zu verherrlichen. Das ist die angemessenste Antwort auf die Offenbarung des Herrn und die Erfahrung seiner Güte.

Indem die Psalmen uns beten lehren, lehren sie uns, dass Gott auch in der Trostlosigkeit und im Schmerz gegenwärtig bleibt und Quelle des Trostes ist. Man darf weinen, bitten, Fürsprache halten, klagen, aber wir beten im Bewusstsein, dass wir auf das Licht und den endgültigen Lobpreis zugehen. Der Psalm 36 lehrt uns: »Bei dir ist die Quelle des Lebens, in deinem Licht schauen wir das Licht« (Ps 36,10).

Über diesen allgemeinen Titel des Buches hinaus hat die jüdische Tradition vielen Psalmen besondere Titel verliehen und sie zum größten Teil König David zugeschrieben. David ist eine Gestalt von beachtlichem menschlichem und theologischem Format und eine komplexe Persönlichkeit. Er hat die verschiedensten grundlegenden Erfahrungen des Lebens durchgemacht. Der junge Hirt der väterlichen Herde wird nach einigen, zuweilen dramatischen Wechselfällen zum König von Israel, zum Hirten des Volkes Gottes. Als Mann des Friedens hat er viele Kriege geführt. Als unermüdlicher und hartnäckiger Gottsucher hat er Gottes Liebe verraten und – das zeichnet ihn aus – er ist stets ein Gottsucher geblieben, auch wenn er oftmals schwer gesündigt hat. Als demütiger Büßer hat er die göttliche Vergebung und auch die göttliche Strafe empfangen und ein von Schmerz geprägtes Schicksal angenommen. So war David mit all seinen Schwächen ein König »nach Gottes Herzen« (vgl. 1 Sam 13,14), also ein leidenschaftlicher Beter, ein Mann, der wusste, was es heißt, zu bitten und zu loben.

Die Verbindung der Psalmen mit diesem berühmten König von Israel ist also wichtig, da er eine messianische Gestalt ist, der Gesalbte des Herrn, in dem das Geheimnis Christi auf gewisse Weise seinen Schatten vorauswirft.

Genauso wichtig und bedeutsam sind die Art und Weise und die Häufigkeit, mit denen die Worte der Psalmen vom Neuen Testament aufgegriffen werden und dadurch die prophetische Bedeutung übernehmen, die aus der Verbindung des Psalters mit der messianischen Gestalt Davids hervorgeht. In Jesus, dem Herrn, der in seinem irdischen Leben die Psalmen gebetet hat, finden diese ihre endgültige Erfüllung und offenbaren ihren vollen und tiefsten Sinn. Die Gebete der Psalmen, durch die wir zu Gott sprechen, berichten uns von ihm, berichten vom Sohn, dem Ebenbild des unsichtbaren Gottes (vgl. Kol 1,15), der uns das Antlitz des Vaters in ganzer Fülle offenbart. Wenn der Christ die Psalmen betet, dann betet er zum Vater in Christus und mit Christus, indem er jene Gesänge in einer neuen Perspektive übernimmt, deren endgültiger Interpretationsschlüssel das Ostergeheimnis ist. Der Horizont des Beters öffnet sich so den unerwarteten Wirklichkeiten, jeder Psalm erhält ein neues Licht in Christus und der Psalter kann in seinem unendlichen Reichtum erstrahlen.

Liebe Brüder und Schwestern, nehmen wir also dieses heilige Buch zur Hand, lassen wir uns von Gott unterweisen, wie wir uns an ihn wenden sollen, machen wir den Psalter zu einem Führer, der uns auf dem täglichen Weg des Gebetes hilft und uns begleitet. Und bitten auch wir wie die Jünger Jesu: »Herr, lehre uns beten« (Lk 11,1), indem wir das Herz öffnen, um das Gebet des Meisters aufzunehmen, in dem alle Gebete zur Erfüllung gelangen. Auf diese Weise zu Söhnen und Töchtern im Sohn geworden, können wir mit Gott sprechen und ihn »unseren Vater« nennen.

Die Schriftlesung, Nahrung für den Geist

Ich freue mich sehr, euch hier in Castel Gandolfo zu sehen und die im Juli unterbrochenen Audienzen wieder aufzunehmen. Ich möchte das Thema fortsetzen, das wir begonnen haben: die »Schule des Gebetes«. Auch heute möchte ich auf etwas andere Weise, ohne mich vom Thema zu entfernen, einige geistliche und konkrete Aspekte ansprechen, die mir nützlich zu sein scheinen, nicht nur für jene, die sich in den Sommerferien befinden wie wir, sondern auch für all jene, die der täglichen Arbeit nachgehen.

Wenn wir bei unseren Tätigkeiten eine Ruhepause einlegen können, besonders auch im Urlaub, nutzen wir diese Zeit oft, um ein Buch zur Hand zu nehmen, das wir lesen möchten. Genau bei diesem Aspekt möchte ich heute verweilen. Jeder von uns braucht Zeiten und Orte der Sammlung, der Betrachtung, der Ruhe, Gott sei es gedankt, dass es so ist! Denn dieses Bedürfnis zeigt deutlich, dass wir nicht leben, um nur zu arbeiten, sondern auch um zu denken, zu überlegen oder einfach um mit dem Verstand und mit dem Herzen einer Erzählung oder einer Geschichte zu folgen, in die wir uns hineindenken, in der wir uns gewissermaßen »verlieren« und von der wir bereichert werden.

Viele der Bücher, die wir im Urlaub als Lektüre zur Hand nehmen, dienen zumeist der Ablenkung. Das ist normal. Dennoch widmen sich viele Menschen, besonders dann, wenn sie längere Ruhepausen einlegen können, einer anspruchsvolleren Lektüre. Ich möchte daher einen Vorschlag machen: Warum machen wir uns nicht daran, einige Bücher der Bibel zu entdecken, die uns nicht bekannt sind – oder aus denen wir vielleicht einen Abschnitt in der Liturgie gehört, die wir jedoch nie in ganzer Länge gelesen haben? Tatsächlich lesen viele Christen nie in der Bibel und haben eine sehr beschränkte und oberflächliche Kenntnis von ihrem Inhalt.

Die Bibel ist – wie der Name schon sagt – eine Sammlung von Büchern, eine kleine »Bibliothek«, die im Laufe eines Jahrtausends entstanden ist. Manche dieser »kleinen Bücher«, aus denen sie besteht, bleiben den meisten Menschen, auch guten Christen, beinahe unbekannt. Einige sind sehr kurz, wie das Buch Tobit, eine Erzählung, die eine sehr hohe Auffassung von Familie und Ehe wiedergibt, oder das Buch Ester, in dem die jüdische Königin durch den Glauben und das Gebet ihr Volk vor der Vernichtung rettet. Noch kürzer ist das Buch Rut: Rut ist eine Fremde, die Gott kennt und seine Vorsehung erfährt. Für diese kleinen Bücher braucht man nicht mehr als eine Stunde Zeit zum Lesen. Aufwendiger und wahre Meisterwerke sind das Buch Ijob, das das große Problem des unschuldigen Leidens aufgreift, und das Buch Kohelet, das beeindruckend ist aufgrund der verblüffenden Modernität, mit der es den Sinn des Lebens und der Welt hinterfragt. Dazu gehört auch das Hohelied, ein wunderbares symbolisches Gedicht auf die menschliche Liebe. All diese Bücher stammen aus dem Alten Testament. Und das Neue Testament? Das Neue Testament ist auf jeden Fall bekannter und die literarischen Gattungen sind nicht so vielfältig. Dennoch ist es empfehlenswert, ein ganzes Evangelium fortlaufend zu lesen, um dessen Schönheit zu entdecken. Ebenso empfehle ich die Apostelgeschichte oder einen der Briefe.

Abschließend, liebe Freunde, möchte ich euch bitten, während des Sommers oder in den Ruhepausen die heilige Bibel zur Hand zu nehmen, um sie neu zu entdecken. So können die Ruhephasen und die Zeiten der Entspannung nicht nur zur kulturellen Bereicherung, sondern auch zur geistlichen Nahrung werden und die Kenntnis Gottes vertiefen und das Gespräch mit ihm, das Gebet, nähren. Dies ist sicher eine schöne Beschäftigung für die Ferien: Als Sinn und Zweck der Ferien, die der Herr uns schenkt, ein Buch der Bibel zur Hand zu nehmen und es zu lesen, auf diese Weise etwas Entspannung zu finden und gleichzeitig in den großen Raum des Wortes Gottes einzutreten und den Kontakt mit dem Ewigen zu vertiefen.

»Oasen« des Geistes

Zu allen Zeiten haben Männer und Frauen, die ihr Leben im Gebet Gott geweiht haben – wie die Mönche und Nonnen – ihre Gemeinschaften an besonders schönen Orten angesiedelt: auf dem Land, auf Hügeln, in Bergtälern, an Seeufern oder am Meer oder sogar auf kleinen Inseln. Diese Orte vereinen zwei für das kontemplative Leben sehr wichtige Elemente: die Schönheit der Schöpfung, die auf jene des Schöpfers verweist, und die Stille, die fernab der Städte und der großen Verkehrsadern gewährleistet ist. Ein von der Stille geprägtes Umfeld fördert die Sammlung, das Hören auf Gott und die Betrachtung am besten. Allein schon die Tatsache, die Stille zu genießen, sich von der Stille sozusagen »erfüllen« zu lassen, schenkt uns die innere Bereitschaft zum Gebet. Der große Prophet Elija erlebte auf dem Berg Horeb – also dem Sinai – einen starken, heftigen Sturm, dann ein Erdbeben und schließlich ein Feuer, erkannte aber darin nicht die Stimme Gottes. Diese erkannte er jedoch in einem sanften, leisen Säuseln (vgl. 1 Kön 19,11–13). Gott spricht in der Stille, aber man muss ihn hören können. Darum sind die Klöster Oasen, in denen Gott zur Menschheit spricht. Und in Klöstern befindet sich jeweils ein Kreuzgang. Es ist ein symbolischer Ort: ein geschlossener Raum, der sich jedoch zum Himmel hin öffnet.

Morgen, liebe Freunde, gedenken wir der heiligen Klara von Assisi. Ich möchte daher an eine dieser »Oasen« des Geistes erinnern, die der franziskanischen Familie und allen Christen besonders lieb und teuer ist: das kleine Kloster »San Damiano«, etwas unterhalb der Stadt Assisi gelegen, inmitten der Olivenhaine, die nach »Santa Maria degli Angeli« führen. Bei dieser kleinen Kirche, die Franziskus nach seiner Bekehrung wiederherstellte, siedelten Klara und ihre ersten Gefährtinnen ihre Gemeinschaft an. Sie lebten vom Gebet und von kleinen Arbeiten. Sie nannten sich »Arme Schwestern« und ihre

»Lebensform« war dieselbe wie die der Minderbrüder: »Unseres Herrn Jesu Christi heiliges Evangelium zu beobachten« (*Regel der heiligen Klara*, I,2), die Einheit in der gegenseitigen Liebe zu bewahren (vgl. ebd., X,5) und insbesondere die Armut und Demut unseres Herrn Jesus Christus und seiner heiligsten Mutter zu beobachten (vgl. ebd., XII,11).

Die Stille und die Schönheit des Ortes, an dem die klösterliche Gemeinschaft lebt – eine einfache und strenge Schönheit – sind gleichsam ein Widerschein der geistlichen Harmonie, die die Gemeinschaft bestrebt ist, im täglichen Leben umzusetzen. Überall auf der Welt gibt es diese »Oasen« des Geistes. Besonders in Europa sind einige sehr alt, andere jüngeren Datums, wieder andere wurden von neuen Gemeinschaften übernommen und wiederhergestellt. Aus geistlicher Sicht betrachtet sind diese Orte des Geistes ein tragendes Fundament der Welt! Es ist kein Zufall, dass viele Menschen, besonders in Zeiten der Erholung und des Urlaubs, diese Orte aufsuchen und einige Tage dort verweilen: Gott sei es gedankt, dass auch die Seele ihre Bedürfnisse hat!

Wir gedenken also der heiligen Klara. Gleichzeitig gedenken wir jedoch auch noch weiterer Heiliger, die uns daran erinnern, wie wichtig es ist, den Blick auf die »himmlischen Dinge« zu richten, wie die heilige Karmelitin Edith Stein, Teresia Benedicta vom Kreuz, Mitpatronin Europas, deren Gedenktag wir gestern gefeiert haben. Und heute, am 10. August, dürfen wir nicht den heiligen Diakon und Märtyrer Laurentius vergessen – mit besonderen guten Wünschen für die Römer –, die ihn seit jeher als einen ihrer Schutzpatrone verehren. Und schließlich wollen wir unseren Blick der Jungfrau Maria zuwenden, damit sie uns lehre, die Stille und das Gebet zu lieben.

Das innere Gebet

Wir befinden uns noch im Licht des Hochfestes der Aufnahme Mariens in den Himmel, einem Fest der Hoffnung. Maria ist im Paradies angekommen und das ist auch unsere Bestimmung: Wir alle können das Paradies erreichen. Die Frage stellt sich: wie? Maria ist dort angekommen. Sie ist – wie es im Evangelium heißt – »die, die geglaubt hat, dass sich erfüllt, was der Herr ihr sagen ließ« (Lk 1,45). Maria hat also geglaubt, sie hat auf Gott vertraut, sie hat sich mit ihrem Willen in den Willen des Herrn hineinbegeben und befand sich auf diese Weise auf dem direkten Weg zum Paradies. Glauben, auf den Herrn vertrauen, sich in seinen Willen hineinbegeben: Das ist die wesentliche Richtung.

Heute möchte ich nicht über diesen Weg des Glaubens sprechen, sondern nur über einen kleinen Aspekt des Gebetslebens, das ein Leben des Kontaktes mit Gott ist: über das betrachtende Gebet, über die Meditation. Was versteht man unter dem betrachtenden Gebet? Es bedeutet, »sich zu erinnern« an das, was Gott getan hat, und seine Wohltaten nicht zu vergessen (vgl. Ps 103,2b). Oft sehen wir nur die negativen Dinge. Wir müssen auch die positiven Dinge im Gedächtnis behalten, die Gaben, die Gott uns geschenkt hat, auf die positiven Zeichen achten, die von Gott kommen, und sie in Erinnerung behalten.

Wir sprechen also von einer Gebetsform, die in der christlichen Überlieferung als »inneres Gebet« bezeichnet wird. Üblicherweise kennen wir das Gebet mit Worten. Natürlich müssen auch der Geist und das Herz bei diesem Gebet präsent sein. Heute jedoch sprechen wir über eine Meditation, ein betrachtendes Gebet, das nicht aus Worten besteht, sondern durch das unser Verstand mit dem Herzen Gottes in Berührung kommt. Und Maria ist hierfür ein sehr konkretes Vorbild. Der Evangelist Lukas wiederholt mehrmals: Maria »bewahrte alles, was geschehen war, in ihrem Herzen und dachte darüber nach« (Lk 2,19; vgl. 2,51). Sie ist die Wächterin, die nicht vergisst, was der Herr ihr gesagt und getan hat. Sie denkt nach, sie tritt also in Berührung mit verschiedenen Dingen und vertieft sie in ihrem Herzen.

Diejenige, die der Verkündigung des Engels »geglaubt hat« und zum Werkzeug geworden ist, damit das ewige Wort des Allerhöchsten Mensch werden konnte, hat das Wunder jener menschlich-göttlichen Geburt auch im Herzen aufgenommen, hat es betend betrachtet, hat darüber nachgedacht, was Gott in ihr wirkte, um den göttlichen Willen in ihrem Leben aufzunehmen und ihm zu entsprechen. Das Geheimnis der Menschwerdung des Sohnes Gottes und der Mutterschaft Marias ist so groß, dass es einen Prozess der Verinnerlichung verlangt. Es ist nicht nur etwas Physisches, das Gott in ihr wirkt, sondern es ist etwas, das eine Verinnerlichung seitens Marias erfordert.

Sie versucht, die Erkenntnis zu vertiefen, seinen Sinn zu deuten, seine Folgen und

Auswirkungen zu verstehen. Auf diese Weise hat Maria Tag für Tag in der Stille des täglichen Lebens die wunderbaren Ereignisse, deren Zeugin sie wurde, stets in ihrem Herzen bewahrt, bis hin zur äußersten Prüfung des Kreuzes und zur Herrlichkeit der Auferstehung. Maria hat ihr Leben, ihre täglichen Pflichten, ihre Sendung als Mutter vollständig gelebt, aber sie hat sich im Inneren einen Raum bewahrt, um über das Wort und über den Willen Gottes nachzudenken, über das, was ihr geschehen ist, über die Geheimnisse des Lebens ihres Sohnes.

In unserer Zeit werden wir von vielen Aktivitäten und Verpflichtungen, Sorgen und Problemen vereinnahmt. Oft neigt man dazu, den ganzen Tag auszufüllen, ohne einen Augenblick zur Verfügung zu haben, um innezuhalten und nachzudenken und um das geistliche Leben, den Kontakt mit Gott, zu nähren. Maria lehrt uns, wie notwendig es ist, in unserem Tagesablauf mit all seinen Aktivitäten Augenblicke zu finden, in denen wir uns in Stille sammeln und darüber nachdenken können, was der Herr uns lehren will, wie er in der Welt und in unserem Leben gegenwärtig ist und wirkt: fähig zu sein, einen Augenblick innezuhalten und im Gebet nachzudenken. Der heilige Augustinus vergleicht das betrachtende Gebet über die Geheimnisse Gottes mit der Nahrungsaufnahme und gebraucht ein Verb, das in der ganzen christlichen Überlieferung immer wieder auftaucht: »ruminare« [»wiederkäuen« oder »nachsinnen«]. Wir müssen uns die Geheimnisse Gottes immer wieder vergegenwärtigen, damit sie uns geläufig werden, unser Leben leiten, uns ernähren wie die Speise, die notwendig ist, um uns am Leben zu erhalten. Der heilige Bonaventura sagt, als er sich auf die Worte der Heiligen Schrift bezieht: »Man muss stets über sie nachsinnen, um sie mit brennendem Eifer im Herzen festhalten zu können« (vgl. *Coll. In Hex.*, Ed. Quaracchi 1934, S. 218). Die Betrachtung im Gebet bedeutet also, eine Haltung der Sammlung, der inneren Stille anzunehmen, um nachzudenken und die Geheimnisse unseres

Glaubens und das, was Gott in uns wirkt, in uns aufzunehmen – und nicht nur die Dinge, die vergänglich sind, die kommen und gehen.

Dieses »Nachsinnen« kann in unterschiedlicher Weise geschehen. Zum Beispiel können wir uns einen kurzen Abschnitt aus der Heiligen Schrift vornehmen, vor allem aus den Evangelien, der Apostelgeschichte, den Briefen der Apostel. Es bietet sich auch an, einen Abschnitt eines spirituellen Autors zu lesen, der uns die Wirklichkeiten Gottes in unserem Heute näherbringt und sie vergegenwärtigt – vielleicht auch, indem man sich den Rat des Beichtvaters oder des geistlichen Begleiters einholt – und darüber nachzudenken, indem man dabei verweilt und versucht, es zu erfassen und zu verstehen, was es für mich bedeutet, und das Herz für das zu öffnen, was der Herr mir sagen und lehren will. Auch der Rosenkranz ist ein betrachtendes Gebet: Wenn wir das »Gegrüßet seist du, Maria« wiederholen, sind wir eingeladen, über das betreffende Geheimnis nachzudenken. Aber wir können auch über eine tiefe geistliche Erfahrung nachdenken, über Worte, die sich uns bei der Teilnahme an der sonntäglichen Eucharistiefeier eingeprägt haben. Es gibt also viele Formen des betrachtenden Gebetes, um mit Gott in Berührung zu kommen, uns Gott zu nähern und auf diese Weise auf dem Weg zum Paradies zu sein.

Liebe Freunde, die Beständigkeit, mit der wir Gott Zeit schenken, ist ein grundlegendes Element für das geistliche Wachstum. Der Herr selbst wird uns Geschmack an seinen Geheimnissen, seinen Worten, seiner Gegenwart und seinem Wirken schenken, damit wir spüren, wie schön es ist, wenn Gott mit uns spricht. Er wird uns tiefer verstehen lassen, was er von uns will. Letztendlich ist dies genau der Zweck des betrachtenden Gebetes: uns immer mehr in die Hände Gottes zu übergeben, mit Vertrauen und Liebe, in der Gewissheit, dass wir am Ende nur dann wirklich glücklich werden, wenn wir seinen Willen tun.

Die Kunst und das Gebet

Ich habe in diesen Wochen mehrmals in Erinnerung gerufen, wie notwendig es für jeden Christen inmitten der Geschäftigkeit des täglichen Lebens ist, Zeit zu finden für Gott und für das Gebet. Der Herr selbst schenkt uns viele Gelegenheiten, um an ihn zu denken. Heute möchte ich kurz bei einem der Wege verweilen, die uns zu Gott führen und die uns auch bei der Begegnung mit ihm hilfreich sein können: Es handelt sich um den Weg der Kunstwerke als Teil jener »via pulchritudinis« – des »Weges der Schönheit« –, über den ich mehrmals gesprochen habe und den der heutige Mensch in seiner tiefsten Bedeutung wiederentdecken sollte.

Vielleicht ist es manchem schon einmal beim Betrachten einer Skulptur, eines Bildes, beim Lesen einiger Verse aus einem Gedicht oder beim Hören eines Musikstücks geschehen, dass er eine innere Bewegtheit, eine Freude empfunden hat, die darauf hinwies, dass dies keine Materie ist – ein Stück Marmor oder Bronze, eine bemalte Leinwand, eine Ansammlung von Buchstaben oder eine Anhäufung von Tönen –, sondern etwas Größeres, etwas, das »spricht«, das in der Lage ist, das Herz zu berühren, eine Botschaft zu vermitteln, den Geist zu erheben. Ein Kunstwerk ist die Frucht der schöpferischen Fähigkeit des Menschen, der über die sichtbare Wirklichkeit nachdenkt, der versucht, ihren tieferen Sinn zu erfassen und ihn durch die Sprache der Formen, der Farben, der Töne zu vermitteln.

Die Kunst vermag das Bedürfnis des Menschen, über das Sichtbare hinauszugehen, zum Ausdruck zu bringen und sichtbar zu machen. Sie offenbart das Verlangen und die Suche nach dem Unendlichen. Ja, sie ist gleichsam wie eine offene Tür zum Unendlichen, zu einer Schönheit und einer Wahrheit, die das Alltägliche übersteigen. Und ein Kunstwerk kann die Augen des Verstandes und des Herzens öffnen und uns nach oben hin ausrichten.

Es gibt jedoch Kunstwerke, die wahre Wege zu Gott, der erhabensten Schönheit, sind – ja, die sogar dabei helfen können, in der Beziehung mit ihm, im Gebet, zu wachsen. Es handelt sich um die Werke, die aus dem Glauben heraus entstehen und die den Glauben zum Ausdruck bringen.

Ein Beispiel wird uns gegeben, wenn wir eine gotische Kathedrale besuchen: Wir sind hingerissen von den vertikalen Linien, die sich zum Himmel erheben und die unseren Blick und unseren Geist in die Höhe richten, während wir uns zur selben Zeit klein fühlen und uns doch nach Fülle sehnen. Oder wenn wir in eine romanische Kirche betreten: Unmittelbar sind wir zur Sammlung und zum Gebet eingeladen.

Wir spüren, dass in diesen wunderbaren Bauwerken gleichsam der Glaube von Generationen eingeschlossen ist. Oder wenn wir ein Stück aus der Kirchenmusik hören, das die Saiten unseres Herzens zum Schwingen bringt: Unser Herz wird gleichsam erweitert und bestärkt, sich an Gott zu wenden. Ich erinnere mich an ein Konzert mit Musik von Johann Sebastian Bach in München unter der Leitung von Leonard Bernstein. Am Ende des letzten Stückes, einer der Kantaten, spürte ich, nicht durch Überlegung, sondern im tiefsten Herzen, dass das, was ich gehört hatte, mir die Wahrheit vermittelt hatte, die Wahrheit des allerhöchsten Schöpfers, und es drängte mich, Gott zu danken. Neben mir saß der bayerische lutherische Landesbischof und ich sagte spontan zu ihm: »Wenn man das hört, dann versteht man: Das ist wahr, ein solch starker Glaube ist wahr. Die Schönheit bringt auf unwiderstehliche Weise die Gegenwart der Wahrheit Gottes zum Ausdruck.«

Wie oft spornen uns doch Gemälde oder Fresken, Frucht des Glaubens des Künstlers, durch ihre Formen, ihre Farben, ihr Licht an, die Gedanken Gott zuzuwenden, und lassen in uns die Sehnsucht wachsen, aus dem Quell aller Schönheit zu schöpfen.

Ein großer Künstler, Marc Chagall, hat geschrieben, dass die Maler ihren Pinsel jahrhundertelang in jenes farbige Alphabet getaucht haben, das die Bibel ist. Wie oft können also Kunstwerke für uns Gelegenheiten sein, um uns Gott in Erinnerung zu rufen, um unser Gebet oder auch die Umkehr unseres Herzens zu unterstützen! Als Paul Claudel, ein berühmter französischer Dichter, Dramaturg und Diplomat, im Jahr 1886 in der Basilika »Notre Dame« in Paris während der Weihnachtsmesse den Gesang des »Magnifikat« hörte, spürte er die Gegenwart Gottes. Er hatte die Kirche nicht aus Glaubensgründen betreten, sondern um Argumente gegen die Christen zu suchen, stattdessen wirkte jedoch Gottes Gnade in seinem Herzen.

Liebe Freunde, ich lade euch ein, die Bedeutung dieses Weges auch für das Gebet, für unsere lebendige Beziehung zu Gott neu zu entdecken. Städte und Dörfer auf der ganzen Welt bergen Kunstschätze, die den Glauben zum Ausdruck bringen und uns auffordern, in Beziehung zu Gott zu treten. Der Besuch von Kunststätten sollte daher nicht nur Gelegenheit zur kulturellen Bereicherung sein – natürlich auch das –, sondern vor allem zu einem Augenblick der Gnade werden und uns anspornen, unsere Verbindung und unseren Dialog mit dem Herrn zu stärken und innezuhalten, um – im Übergang von der einfachen äußeren Wirklichkeit zur tieferen Wirklichkeit, die darin zum Ausdruck kommt – den Strahl der Schönheit zu betrachten, der uns berührt, uns gleichsam im Innersten »verwundet« und uns einlädt, zu Gott emporzusteigen.

Ich schließe mit dem Gebet eines Psalms, Psalm 27: »Nur eines erbitte ich vom Herrn, danach verlangt mich: Im Haus des Herrn zu wohnen alle Tage meines Lebens, die Freundlichkeit des Herrn zu schauen und nachzusinnen in seinem Tempel« (Ps 27,4). Hoffen wir, dass der Herr uns helfen möge, seine Schönheit zu betrachten, sowohl in der Natur als auch in den Kunstwerken, damit wir berührt werden vom Licht seines Antlitzes und dann auch Licht für unseren Nächsten sein können.

Anhang

Hinweis des Verlages

Um den Lesefluss nicht zu stören, wurden alle Zitate der reformierten Rechtschreibung angeglichen.

Verzeichnis der Generalaudienzen

Alle Texte wurden von Papst Benedikt XVI. bei den nachfolgenden Generalaudienzen vorgetragen:

Das Gebet in den antiken Kulturen,
(4. Mai 2011, Petersplatz)
Das Gebet und der Sinn für das Religiöse
(11. Mai 2011, Petersplatz)
Abrahams Fürsprache für Sodom
(18. Mai 2011, Petersplatz)